VENTE DU LUNDI 25 FÉVRIER AU SAMEDI 2 MA[illegible]

(HOTEL DROUOT)

Par le Ministère de Mᵉ Ch. DUBOURG, commissaire-priseur

Suppléant Mᵉ F. LAIR-DUBREUIL, mobilisé

CATALOGUE

DE

LIVRES MODERNES

(LIVRES DU XIXᵉ SIÈCLE ET CONTEMPORAINS)

ÉDITIONS ORIGINALES

LA PLUPART IMPRIMÉES SUR GRAND PAPIER

LIVRES ILLUSTRÉS DU MILIEU DU XIXᵉ SIÈCLE

MANUSCRITS ET AUTOGRAPHES

PROVENANT DE LA BIBLIOTHÈQUE DE M. J. L. P.

—

DEUXIÈME PARTIE

G à P

PARIS

LIBRAIRIE HENRI LECLERC

219, RUE SAINT-HONORÉ, 219

ET 16, RUE D'ALGER

—

1918

CATALOGUE

DE

LIVRES MODERNES

LA VENTE AURA LIEU

Du Lundi 25 Février au Samedi 2 Mars 1918

A 2 heures précises

HOTEL DES COMMISSAIRES-PRISEURS, 9, RUE DROUOT

SALLE N° 10

Par le ministère de Me **Ch. DUBOURG**, commissaire-priseur

8, RUE D'ALGER, 8

Suppléant Me **F. LAIR-DUBREUIL**, 6, rue Favart, mobilisé

Assisté de **M. HENRI LECLERC**, libraire

219, RUE SAINT-HONORÉ, 219
ET 16, RUE D'ALGER

VOIR L'ORDRE DES VACATIONS A LA FIN DU CATALOGUE

CONDITIONS DE LA VENTE

La vente se fait au comptant.

Les adjudicataires paieront 10 pour 100 en sus des enchères.

Les livres vendus devront être collationnés dans les vingt-quatre heures de l'adjudication. Passé ce délai, ils ne seront repris pour aucune cause.

Tous les livres brochés sont avec leurs couvertures imprimées, sauf indication contraire.

M. HENRI LECLERC remplira les commissions qu'on voudra bien lui confier.

On pourra examiner les livres composant ce catalogue, à la librairie Henri Leclerc, du Lundi 11 février au Vendredi 22 février de 2 à 5 heures.

CATALOGUE

DE

LIVRES MODERNES

(LIVRES DU XIXe SIÈCLE ET CONTEMPORAINS)

ÉDITIONS ORIGINALES

LA PLUPART IMPRIMÉES SUR GRAND PAPIER

LIVRES ILLUSTRÉS DU MILIEU DU XIXe SIÈCLE

MANUSCRITS ET AUTOGRAPHES

PROVENANT DE LA BIBLIOTHÈQUE DE M. J. L. P.

DEUXIÈME PARTIE

G à P

PARIS

LIBRAIRIE HENRI LECLERC

219, RUE SAINT-HONORÉ, 219

ET 16, RUE D'ALGER

1918

GAUTIER (Théophile).

1247. Poésies de Théophile Gautier. *Paris, Charles Mary,* 1830, in-12, dos et coins de mar. rouge, filet, dos plat orné, non rogné (*Couvert.*).

Edition originale, rare.
Joli exemplaire, relié sur brochure, portant sur le faux titre *un envoi autographe* de Théophile Gautier à son ami Eugène de Nully.

1248. A Jean Duseigneur, ode, par Théophile Gautier. *S. l. n. d.* (*Paris, Imprimerie de A. Barbier*), in-8 de 8 pag., cartonn. dos et coins de mar. bleu ébarbé (*Carayon*).

Tirage à part de cette pièce publiée dans le *Mercure du XIXe siècle*, tome 35. Elle n'a qu'un faux titre et est datée de septembre 1831. Pièce fort rare.

1249. Les Jeunes France, romans goguenards, par Théophile Gautier. *Paris, Eugène Renduel,* 1833, in-8, broché.

Edition originale. Couverture grise portant l'adresse de Renduel.
Sans le frontispice de C. Nanteuil qui manque à beaucoup d'exemplaires. Voir Tourneux. *Théophile Gautier. Sa Bibliographie.*

1250. Albertus ou l'âme et le péché, légende théologique, par Théophile Gautier. *Paris, Paulin,* 1833, in-12, frontisp. de C. Nanteuil, mar. rouge, jans., tr. dor. sur témoins, couverture (*Cuzin*).

Edition originale.
Bel exemplaire.

1251. Mademoiselle de Maupin, double amour. *Bruxelles, Société belge de librairie,* 1837, 2 vol. in-18, dos et coins de mar. vert, fil., tr. marb. (*Capé*).

1252. Mademoiselle de Maupin, nouvelle édition. *Paris, G. Charpentier,* 1878, in-12, port., dos et coins de mar. rouge, dos orné de fil., tête dor., non rogné, couverture (*Marius Michel*).

Un des **75** exemplaires imprimés sur **papier de Hollande.**

1253. L'Eldorado, par Théophile Gautier, auteur des Jeunes-France et de Mademoiselle de Maupin. *Paris, publications du Figaro,* 1837, in-8 de 315 pages y compris le titre et le faux titre, demi-vélin, tr. jasp. (*Rel. de l'époque*).

Edition originale, très rare sous ce titre, de *Fortunio*. L'exemplaire que cite M. Tourneux dans sa Bibliographie, ne contient que les 240 premières pages du roman.

1254. Fortunio ou l'Eldorado, par Théophile Gautier. *Paris, Desessart,* 1840, in-8 de IV pag. et 315 pag. y compris le titre et le faux titre, cartonn. demi-toile brune, non rogné.

Edition originale; même composition typographique que les éditions de 1837 et 1838, avec un nouveau titre à la date de 1840 et les IV pages de préface de 1838.

L'édition de 1838, la première sous le titre de *Fortunio*, est de la même composition typographique que l'édition précédente donnée par le *Figaro* sous le titre de l'*Eldorado*; l'éditeur Desessart y a mis un nouveau titre et une préface de IV pages. Toutes les erreurs typographiques ou lettres abîmées se retrouvent dans les deux éditions.

Cachet sur le titre.

1255. Fortunio, par Théophile Gautier, nouvelle édition. *Paris, Delloye,* 1840, in-12, veau fauve, fil. dor. et à froid, tr. dor. (*Bauzonnet-Trautz*).

Frontispice gravé à l'eau-forte par *Daubigny*.

1256. La Comédie de la mort, par Théophile Gautier. *Paris, Desessart,* 1838, gr. in-8, frontisp. de L. Boulanger, mar. brun, encad. de 9 fil. brisés aux angles, dos orné de fil., tr. dor., sur témoins, couverture (*Reymann*).

Edition originale.

Bel exemplaire relié sur brochure.

Au verso du frontispice :

Pour Hippolyte Lucas

Théophile Gautier.

et au dessous :

given to a sick lady

H. L.

1257. Giselle ou les Wilis, ballet fantastique en 2 actes, par MM. de Saint-Georges, Théophile Gautier et Coraly. *Paris, Vve Jonas,* 1841. — La Péri, ballet fantastique en deux actes, par MM. Théophile Gautier et Corally. *Ibid., id.,* 1843. — Paquerette, ballet-pantomime en 3 actes et 5 tableaux de MM. Théophile Gautier et Saint-Léon. *Ibid., id.,* 1851, 3 plaquettes en 1 vol., dos et coins de mar. rouge, tête dor., non rogné, couvertures (*David*).

Editions originales.
Recueil provenant de la bibliothèque Noilly.

1258. Répertoire dramatique des auteurs contemporains. Théâtre des Variétés. Un Voyage en Espagne, vaudeville en trois actes (par Théophile Gautier et Paul Siraudin). *Paris, Detroux,* 1843, gr. in-8 à 2 col. de 27 pag., broché.

Edition originale.

1259. Tra los montes, par Théophile Gautier. *Paris, Victor Magen,* 1843, 2 vol. in-8, mar. vert foncé, fil., dos orné, tr. dor. (*Chambodle-Duru*).

Edition originale ; nombreux témoins.

1260. Les Grotesques, par Théophile Gautier. *Paris, Desessart,* 1844, 2 vol. in-8, brochés.

Edition originale.
Bel exemplaire.

1261. Magasin théatral. Théâtre des Variétés. Le Tricorne enchanté, bastonnade en un acte (par Théophile Gautier et Siraudin). *Paris, Marchant, s. d.* (1845), gr. in-8 de 14 pag. à 2 col., vignette, dos et coins de mar. rouge, tête dor., non rogné, couverture (*David*).

Edition originale.
Exemplaire de la bibliothèque Noilly.

1262. Magasin théatral. Théâtre de la Porte Saint Martin. La Juive de Constantine, drame en cinq actes (par Théophile Gautier et Noël Parfait). *Paris, Marchant, s. d.* (1846), gr. in-8 de 27 pag. à 2 col., vignette, broché.

Edition originale.

1263. Théâtre du Vaudeville. Pierrot posthume, arlequinade en un acte et en vers, par MM. Paul Siraudin et Théophile Gauthier (*sic*). *Paris, Beck,* 1847, gr. in-8 à 2 col. de 12 pag., broché.

ÉDITION ORIGINALE, ornée d'un frontispice lithographié qui manque souvent ; il est tiré sur Chine volant.

1264. Les Fêtes de Madrid à l'occasion du mariage de S. A. R. le duc de Montpensier, par Théophile Gautier. *Paris, au Bureau du Musée des familles,* 1847, in-4 de 12 ff. à 2 col. y compris le faux titre, le titre et un feuillet blanc à la fin.

Tirage à part, sur **papier fort**, du *Musée des familles*, orné de figures gravées sur bois dans le texte.

Plaquette très rare.

1265. Bibliothèque dramatique. Regardez mais ne touchez pas, comédie de cape et d'épée en trois journées, par MM. Théophile Gautier et B. Lopez, *Paris, Michel Lévy frères,* 1847, in-12 de 59 pag., broché.

ÉDITION ORIGINALE.

1266. Emaux et Camées. *Paris, Eugène Didier,* 1852, in-18, dos et coins de mar. grenat, tête dor., non rogné.

ÉDITION ORIGINALE.

Exemplaire imprimé sur **papier de Hollande** ; de la plus grande rareté. Non signalé par MM. Tourneux et Vicaire.

L'exemplaire d'Henry Houssaye, également imprimé sur papier de Hollande, a été adjugé 700 francs à sa vente ; il était rogné.

1267. Emaux et Camées. Seconde édition augmentée. *Paris, Poulet-Malassis et De Broise,* 1858, in-12, front. de Thérond, demi-rel. chag. rouge, tr. jasp.

Exemplaire imprimé sur **papier vélin**.

On a relié en tête du volume : *Théophile Gautier*, par Charles Baudelaire, notice littéraire précédée d'une lettre de Victor Hugo. *Paris, Poulet-Malassis et De Broise,* 1859. — ÉDITION ORIGINALE.

1268. Emaux et Camées, seconde édition augmentée. *Paris, Poulet-Malassis et De Broise,* 1858, in-12, front. de Thérond, demi-rel. mar. bleu foncé, tête dor., non rogné, couverture (*Lortic*).

Un des 5 exemplaires imprimés sur **papier vergé** ; il provient de la bibliothèque de Poulet-Malassis. On y a ajouté :

1° 8 feuillets avec essai d'impression, en rouge et noir, des fleurons et culs-de-lampe ;

2° Le **manuscrit autographe** signé de la pièce : *L'Aveugle* comprise dans le volume.

1269. Emaux et Camées, édition définitive avec un portrait à l'eau-forte par J. Jacquemart. *Paris, Charpentier*, 1872, in-12, broché, dans un étui.

Exemplaire de Jules Jacquemart imprimé sur **papier de Chine**.

1270. Italia. *Paris, Lecou*, 1852. — Caprices et zigzags. *Ibid., id.*, 1852. — Quand on voyage. *Paris, Michel Lévy frères*, 1865. — Loin de Paris. *Ibid., id.*, 1865. — Tableaux de Paris, 1870-1871. *Paris, Charpentier et Cie*, 1871. — Les Vacances du lundi. *Paris, Charpentier*, 1881. — Guide de l'amateur au Musée du Louvre. *Ibid., id.*, 1882. — Ens. 7 vol. in-12, brochés.

EDITIONS ORIGINALES.

1271. Les Roués innocents. *Paris, Librairie nouvelle*, 1853, in-18, broché.

Première édition de ce format.

1272. Gemma, ballet en deux actes et cinq tableaux, livret de M. Théophile Gautier, musique de M. le comte Gabrielli. *Paris, Michel Lévy frères*, 1854, in-12 de 18 pag., broché.

EDITION ORIGINALE.

1273. Théâtre de poche. *Paris, Librairie nouvelle*, 1855, in-12, broché.

Ce volume contient trois pièces en ÉDITION ORIGINALE.
Envoi autographe de l'auteur sur le faux titre.

1274. Iettatura, par Théophile Gautier. *Paris, Michel Lévy frères*, 1857, in-32, broché.

EDITION ORIGINALE, faisant partie de la *Collection Hetzel*.

1275. Le Roman de la Momie, par Théophile Gautier. *Paris, Hachette et Cie*, 1858, in-12, broché.

EDITION ORIGINALE.

1276. De la Mode, par Théophile Gautier. *Paris, Poulet-Malassis et De Broise*, 1858, in-32, cartonn. de mar. rouge, filet, non rogné, couverture papier vert glacé (*Carayon*).

EDITION ORIGINALE, très rare, n'ayant été tirée qu'à 30 exemplaires tous sur papier vergé.

1277. Histoire de l'art dramatique en France depuis vingt-cinq ans. *Paris, Édition Hetzel,* 1858-1859, 6 vol. in-12, brochés.

Edition originale.

1278. Sacountala, ballet-pantomine en deux actes, tiré du roman indien de Calidasà. Livret de M. Théophile Gautier, musique de M. Ernest Reyer. *Paris, Vve Jonas,* 1858, in-8 de 16 pag., dos et coins de mar. rouge, tête dor., non rogné, couverture (*David*).

Edition originale.
Exemplaire de la bibliothèque Noilly.

1279. Honoré de Balzac. sa vie et ses œuvres. Biographie par Théophile Gautier. Analyse critique de la Comédie humaine, par H. Taine. *Bruxelles, Librairie internationale,* 1858, in-12, portrait, broché.

Edition originale.

1280. Honoré de Balzac, par Theophile Gautier, édition revue et augmentée, avec un portrait gravé à l'eau-forte par E. Hédouin. *Paris, Poulet-Malassis et De Broise,* 1859, in-12, fac-similés, dos et coins de mar. rouge, tête jasp., non rogné.

Première édition française.

1281. Revue nationale et étrangère. Tome huitième. *Paris,* 1862, gr. in-8, cartonn., dos et coins toile rouge, non rogné.

Ce volume renferme l'édition pré-originale du *Capitaine Fracasse.*

1282. Le Capitaine Fracasse, par Theophile Gautier. *Paris, Charpentier,* 1863, 2 vol. in-12, mar. grenat, jans., tête dor., non rognés, couvertures (*Marius Michel*).

Edition originale.
Bel exemplaire.

1283. Le Capitaine Fracasse, illustré de 60 dessins de Gustave Doré. *Paris, Charpentier, quai de l'École,* 1866, gr. in-8, broché.

Bel exemplaire du premier tirage.

1284. Lettre autographe, signée, de Théophile Gautier à Charles Monselet, 1 pag. in-16.

Relative à l'édition illustrée (de 1866) du *Capitaine Fracasse.*

1285. Emile Bergerat. Le Capitaine Fracasse, comédie héroïque en vers, cinq actes en sept tableaux, d'après le roman de Théophile Gautier. *Paris, Fasquelle,* 1896, in-12, dos et coins de mar. bleu, dos mosaïqué, tête dor., non rogné, couverture (*Noulhac*).

Edition originale.

1286. Poésies nouvelles. *Paris, Charpentier,* 1863, in-12, cartonn. demi-toile bleue, non rogné (*Couvert.*).

Première édition collective et en partie originale.
Elle renferme : *Emaux et Camées. Poésies diverses, Théatre en vers* et autres pièces.

1287. Celle-ci et Celle-là, par Theophile Gautier. *Lucerne* (*Bruxelles*), 1864, pet. in-12, mar. rouge, jans., doublé de mar. rouge, compart. de filets à la Grolier, gardes de moire rouge, non rogné.

Edition faisant partie de la *Collection Gay* et tirée à 200 exemplaires sur papier vergé.

1288. Spirite, nouvelle fantastique par Théophile Gautier. *Paris, Charpentier,* 1866, in-12, broché.

Edition originale.
Sur le faux titre, *envoi autographe* de l'auteur à H. de Pène.

1289. Le Palais pompéien de l'Avenue Montaigne, études sur la maison greco-romaine, ancienne résidence du Prince Napoléon, par Théophile Gautier, Arsène Houssaye, Charles Coligny. *Paris, au Palais pompéien, s. d.* (1866), gr. in-8 de 32 pag., broché.

Edition originale; grande planche de *Flameng*, gravée par *Laguillermie* représentant la *Répétition du Joueur de flute et de la femme de Diomède dans l'atrium de la maison de S. A. I. le Prince Napoléon.*

1290, Voyage en Russie, par Théophile Gautier. *Paris, Charpentier,* 1867, 2 vol. in-12, cartonn., dos et coins de mar. bleu, non rognés, couverture (*Champs*).

Edition originale.

1291. Ménagerie intime. *Paris, Lemerre,* 1869, in-12, broché.

Edition originale.
Un des rares exemplaires imprimés sur **papier de Chine**. Ces exemplaires ne sont pas signalés par M Tourneux dans sa *Bibliographie de Théophile Gautier.*

1292. Ménagerie intime, *Paris, Lemerre,* 1869, in-12, broché.

Edition originale.
Un des quelques exemplaires imprimés sur **papier vergé**.

1293. Poésies de Th. Gautier qui ne figureront pas dans ses œuvres, précédées d'une autobiographie ornée d'un portrait singulier. *France, Imprimerie particulière* (*Bruxelles, imp. Briard*), 1873, pet. in-8, planche de musique, mar. olive, jans., tête dor., gardes de moire olive, non rogné, étui.

Edition imprimée à 162 exemplaires ; celui-ci est un des 150 tirés sur papier de Hollande.

Billet autographe de Th. Gautier à l'éditeur Charpentier, ajouté.

1294. Portraits contemporains, littérateurs, peintres, sculpteurs, artistes dramatiques. *Paris, Charpentier et Cie*, 1874, in-12, portrait, broché.

Edition originale.

Exemplaire imprimé sur **papier de Hollande** ; portrait en deux états.

1295. Portraits contemporains, littérateurs, peintres, sculpteurs, artistes dramatiques. *Paris, Charpentier et Cie*, 1874, in-12, portrait, cartonn., dos et coins de mar. rouge, non rogné (*Couvert.*).

Edition originale.

Exemplaire imprimé sur **papier de Hollande** auquel on a ajouté :

1° **39 lettres ou billets autographes** de Théophile Gautier, Béranger, Balzac, Méry, Baudelaire, Lamartine, Horace Vernet, Eugène Delacroix, Mlle Georges, Suzanne Brohan, Rachel, etc., etc.

2° Un dessin à la mine de plomb : portrait de Rouvière par lui-même.

1296. Histoire du romantisme, suivie de notices romantiques et d'une étude sur la poésie française, 1830-1868, avec un index alphabétique. *Paris, Charpentier et Cie*, 1874, in-12, broché.

Edition originale.

Un des **50** exemplaires imprimés sur **papier de Hollande.**

1297. Histoire du romantisme. *Paris, Charpentier et Cie*, 1874. — Souvenirs de théâtre, d'art et de critique. *Ibid., id.*, 1883. — Portraits et Souvenirs littéraires. *Ibid., id.*, 1892. — Ens. 3 vol. in-12, brochés.

Editions originales.

1298. Poésies complètes. *Paris, Charpentier et Cie*, 1875-1876, 2 vol. in-12, dos et coins de mar. rouge, dos orné de fil., tête dor., non rognés, couvertures (*Marius Michel*).

Papier de Hollande.

1299. L'Orient. *Paris, G. Charpentier*, 1877, 2 vol. in-12, brochés.

Edition originale.
Un des 75 exemplaires imprimés sur **papier de Hollande.**

1300. Tableaux à la plume, par Theophile Gautier. *Paris, G. Charpentier*, 1880, in-12, broché.

Edition originale.
Un des 10 exemplaires imprimés sur **papier de Chine.**

1301. Tableaux à la plume. *Paris, Charpentier*, 1880, in-12, broché.

Edition originale.
Un des 50 exemplaires imprimés sur **papier de Hollande.**

1302. Fusains et eaux-fortes, par Theophile Gautier, *Paris, G. Charpentier*, 1880, in-12, broché.

Edition originale.
Un des 10 exemplaires imprimés sur **papier de Chine.**

1303. Fusains et eaux-fortes, par Théophile Gautier. *Paris, G. Charpentier*, 1880, in-12, broché.

Edition originale.
Un des 50 exemplaires imprimés sur **papier de Hollande.**

1304. Les Projets littéraires de Théophile Gautier, par Charles de Lovenjoul. *Paris, Quantin*, 1882, gr. in-8, cartonn. demi-toile grise, non rogné, couverture.

Extrait du *Livre* tiré à 100 exemplaires sur papier de Hollande.
On y a ajouté :
1° 15 portraits divers de Théophile Gautier, la plupart avant la lettre et sur Chine ;
2° *Charles Baudelaire*, **notice autographe** (5 pag.) de Théophile Gautier ;
3° 8 portraits divers de Baudelaire, la plupart sur Chine.

1305. Souvenirs de théâtre, d'art et de critique. *Paris, G. Charpentier*, 1883, in-12, dos et coins de mar. rouge, dos orné de fil., tête dor., non rogné, couverture (*Marius Michel*).

Edition originale.
Un des 50 exemplaires imprimés sur **papier de Hollande.**

1306. Victor Hugo, par Théophile Gautier. *Paris, Fasquelle*, 1902, in-12, broché.

Edition originale.
Un des 15 exemplaires imprimés sur **papier de Hollande.**

1307. Le Tombeau de Théophile Gautier. *Paris, Lemerre,* 1873, pet. in-4, portrait, demi-rel. mar. lilas, non rogné.

Un des **20** exemplaires imprimés sur **papier de Chine**.

1308. 3 notes autographes de T. Gautier sur le salon de 1872 et une petite note, écrite au crayon, sur les peintures de Paul Baudry du foyer de l'Opéra.

1309. Préface autographe, signée, de T. Gautier pour l'album *Dessins de Victor Hugo gravés par Paul Chenay*, 4 pag., pet. in-4 obl.

Cette préface a été reproduite, sans variantes, dans *Souvenirs de théâtre, d'art et de critique* (Charpentier, 1883), pag. 243-254. Ce manuscrit n'est pas complet.

1310. *Le Lion de l'Atlas,* poésie autographe, signée, de Théophile Gautier, 1 pag. pet. in-4.

Pièce, avec ratures, et corrections, reproduite dans les *Poésies complètes,* 1876, pag. 196-197.

Le mot *bournous* est écrit ainsi dans cette pièce et *burnous* dans l'imprimé.

1311. Poésie autographe, signée, de Th. Gautier, 16 vers sur une page in-8.

Pièce publiée dans le second volume des *Poésies complètes* de Th. Gautier (Charpentier, 1876), page 270.

Elle a pour titre. dans l'imprimé : *L'Esclave noir,* stances sur une aquarelle de la princesse M*** ; elle est datée du 14 janvier 1869.

On y a joint une lettre autographe de la princesse Mathilde, à Th. Gautier, 5 juin 1869, 1 p. in-16.

1312. Poésie autographe, non signée, de Théophile Gautier, 1 pag. 1/2 in-8.

Jolie pièce avec ratures et corrections, dont voici les deux premiers vers :

> « *Que tu me plais dans cette robe*
> *qui te déshabille si bien* ».

1313, Revue des théâtres, article autographe, signé, de Théophile Gautier, 4 pag. 1/2 in-8.

Article intéressant sur l'opéra *Piccolino,* représenté au Théâtre-italien, et sur les *Faux ménages,* de Pailleron. Il a servi pour l'impression dans un journal, a été découpé et collé sur papier à lettres.

1314. Lettre autographe, signée, de Théophile Gautier à l'éditeur Hetzel. 1 pag. in-8.

Curieuse lettre relative à une demande d'argent.

1315. 4 lettres adressées à Théophile Gautier.

1° Lettre d'Ernest Feydeau, 19 février 1870, 2 pag. 1/2 in-8 et enveloppe ;

Touchante lettre ; paralysé et sans ressources, il demande à Gautier de lui envoyer les cinq cents francs qu'il a prêtés à Ernesta Grisi et aux filles de Gautier pendant leur voyage en Russie.

2° Billet de Gustave Flaubert ;

Envoi à Gautier d' « une lettre qui doit être de la Nillson ».

3° Lettre de M. Ch. Kaempfen, 1er octobre 1871, 2 pag. 1/2 in-8 ;

A propos d'un article de Théophile Gautier sur le nouvel opéra de Garnier.

4° Lettre signée de Valéry Vernier, 12 mai 1869, 1 pag. in-8.

Relative au *Douzain de sonnets* dédié à la princesse Mathilde.

1316. GALERIE DE LA PRESSE, de la littérature et des beaux-arts. Directeur des dessins, M. Charles Philippon. Rédacteur en chef, M. Louis Huart. *Paris*, 1839-1841, 3 vol. in-4, demi-rel. mar. violet foncé, tr. marb. (*Rel. de l'époque*).

147 portraits lithographiés par *Alophe, Menut, Deveria, Célestin Nanteuil*, etc., etc.

1317. GAVARNI. Œuvres choisies, revues, corrigées et nouvellement classées par l'auteur. Etudes de mœurs contemporaines. Notices par Théophile Gautier, Laurent-Jan, Lireux, Gozlan, Staal, etc. *Paris, Hetzel*, 1846-1848, 4 vol., gr. in-8, cartonn. papier gris, ébarbés (*Cartonn. de l'époque*).

1318. GAVAULT (Paul). Snob, préface de Henry Céard. *Paris, Simonis Empis*, 1905, in-12, broché.

Edition originale.
Un des quelques exemplaires imprimés sur **papier de Hollande.**
Envoi autographe de l'auteur sur le faux titre.

1319. GAVAULT (Paul). Le Frisson de l'Aigle, drame en cinq actes et six tableaux. *Paris, Stock*, 1906, in-12, broché.

Edition originale.
Un des 4 exemplaires imprimés sur **papier de Hollande.**

1320. GEFFROY (Gustave). L'Apprentie, roman. *Paris, Fasquelle,* 1904, in-12, broché.

Edition originale.
Un des **25** exemplaires imprimés sur **papier de Hollande.**

1321. GÉRARD (Rosemonde) [Mme Edmond Rostand] et Maurice ROSTAND. Un bon petit diable, féerie en trois actes en vers. *Paris, Fasquelle,* 1912, in-12, port., broché.

Edition originale.
Exemplaire imprimé sur **papier du Japon.**

1322. GÉRARD (Rosemonde) et Maurice ROSTAND. La Marchande d'allumettes, conte lyrique en trois actes. Musique de Tiarko Richepin. *Paris, Fasquelle,* 1914, in-12, broché.

Edition originale.
Un des **25** exemplaires imprimés sur **papier de Hollande.**

1323. GERMAIN (Auguste). Polichinelles, illustrations de A. Wilder. *Paris, Simonis Empis, s. d.* (1848), in-12, broché.

Edition originale.
Un des **10** exemplaires imprimés sur **papier du Japon.**
Envoi autographe de l'auteur sur le faux titre.

GIDE (André).

1324. Les Poésies d'André Walter (œuvre posthume). *Paris, Libr. de l'Art indépendant,* 1892, gr. in-16, broché.

Edition originale tirée à 190 exemplaires.

1325. La Tentative amoureuse. *Paris, Lib. de l'Art indépendant,* 1893, pet. in-8, vélin teinté, broché.

Edition originale tirée à 162 exemplaires.

1326. Paludes. *Paris, Libr. de l'Art indépendant,* 1895, pet. in-4, broché.

Edition originale.

1327. Les Nourritures terrestres. *Paris, Mercure de France,* 1897 in-12, broché.

Edition originale.
Un des **12** exemplaires imprimés sur **papier de Hollande.**

1328\. Le Prométhée mal enchaîné. *Paris, Mercure de France,* 1899, in-18, broché.

Edition originale.

1329\. Lettres à Angèle. 1898-1899. *Paris, Mercure de France,* 1900, in-16, broché.

Édition originale.

1330\. Le roi Candaule, drame en trois actes. *Paris, Revue blanche,* 1901, in-8 carré, broché.

Edition originale.

1331\. Prétextes, réflexions critiques sur quelques points de littérature et de morale. *Paris, Mercure de France,* 1903, in-12, broché.

Edition en partie originale.
Un des **5** exemplaires imprimés sur **papier de Hollande.**

1332\. La Porte étroite. *Paris, Mercure de France,* 1909, in-18, broché.

Edition originale.

1333\. Isabelle, récit. *Paris, Éditions de la nouvelle Revue française,* 1911, in-18, broché.

Edition originale.
Un des rares exemplaires du premier tirage, les autres ayant été détruits (moins dix exempl.) par suite de justification défectueuse de l'impression ; plusieurs pages ayant un nombre inégal de lignes.

1334\. Isabelle, récit. *Édition de la Nouvelle Revue française,* 1911, in-18, broché.

Edition originale.

1335\. Isabelle, récit. *Édition de la Nouvelle Revue française,* 1911, in-8, broché.

Edition imprimée en gros caractères.
Exemplaire n° 10 tiré sur **papier de Hollande.**

1336\. Nouveaux prétextes, réflexions sur quelques points de littérature et de morale. *Paris, Mercure de France,* 1911, in-12, broché.

Edition originale.
Un des **19** exemplaires imprimés sur **papier de Hollande.**

1337\. GIDE (André) et Maurice DENIS. Le Voyage d'Urien. *Paris, Librairie de l'Art indépendant,* 1893, pet. in-4, broché (*Couvert. illust.*).

Edition originale ornée d'illustrations en couleurs, de *Maurice Denis*

1338. GILL (André). La Muse à Bibi, suivie de l'art de se conduire dans la société des pauvres bougres par la comtesse de Rottenville. *Paris, Librairie des Abrutis,* 1879, in-12, broché.

Edition originale.

1339. GINISTY (Paul). Vers la bonté. 4 hors texte inédits de Paul Steck, tirés en taille-douce, 50 compositions inédites de H. Caruchet, lettres ornées de G. Grellet. *Paris, A. Joanin et Cie, s. d.* (1903), pet. in-8, broché.

Edition originale.
Un des 25 exemplaires imprimés sur **papier de Hollande**.

1340. GIRALDA (la). Peintres: E. Delacroix, Gavarni, Roberts, Watteau, Wille, Baron, Français, Diaz, Emile Perrin, A. Lemoine, Johnston, Frish, Van Vliet. — Poètes et conteurs: Shaskespeare, ld Byron, André Chénier, Victor Hugo, George Sand, Alfred de Vigny, Nodier, Mme Tastu, lady Wortley Montague, Théophile Gautier, etc. *Paris, Curmer, s. d.* (1845), in-4, toile brune avec plaque dor., tr. dor. (*Cartonn. de l'éditeur*).

15 planches hors texte extraites du journal *Les Beaux-Arts,* publié par le même éditeur.

1341. GIRARDIN (Emile de). Emile, fragmens (par Emile de Girardin). *Paris, Achille Désauges,* 1828, in-8, demi-rel., vélin non rogné (*Couvert.*).

Edition originale.
Hommage autographe de l'auteur sur la couverture.

GIRARDIN (Mme Emile de).

1342. Essais poétiques, par Melle Delphine Gay. *Paris, Imp. de Gaultier Laguionie,* 1824, front. — Nouveaux Essais poétiques. *Paris. Urbain Canel,* 1826. — Hymne à Sainte Geneviève, *Ibid., id.,* 1825. La Vision, *Ibid., id.,* 30 mai 1825. — La Quête, au profit des Grecs. *Ibid., id.,* septembre 1825. — Le Retour, épître. *Paris, Constant Le Tellier fils,* 1828. — Ens. 6 vol. et plaquettes dont 5 brochés et la dernière cartonn.

Editions originales.

1343. Hymne à Sainte-Geneviève, par Melle Delphine Gay. *Paris,*

Urbain Canel, 1825, gr. in-8 de 15 pag., cartonn. demi-vélin blanc (*Couvert.*).

Edition originale.

Exemplaire imprimé sur **grand papier vélin** et portant sur le faux titre *un envoi autographe* de l'auteur à Madame Récamier.

1344. Le Lorgnon. *Paris, Levavasseur*, 1832, in-8, demi-rel. veau rouge, tr. marb. (*Rel. de l'époque*).

Edition originale.

1345. Monsieur le marquis de Pontanges. *Paris, Dumont*, 1835, 2 vol. in-8, brochés.

Edition originale.

Sur le faux titre de chaque volume, le cachet de la bibliothèque du citoyen Napoléon Bonaparte, le futur Napoléon III.

1346. L'Ecole des Journalistes, comédie en cinq actes et en vers. *Paris, Dumont*, 1839, in-8. — Lady Tartufe, comédie en cinq actes et en prose. *Paris, Michel Lévy frères*, 1853. — Le Chapeau d'un horloger, comédie en un acte, en prose. *Ibid., id.*, 1855. — Ens. 3 vol. in-8 et in-12, brochés.

Editions originales.

1347. Lettre autographe et petite poésie, signées de Madame Emile de Girardin.

Lettre à Balzac, signée Delphine Gay de Girardin, le priant de la présenter à la Société des gens de lettres dont elle désire faire partie.

Petite poésie, de 12 vers, signée D. G. de Girardin.

1348. Lettre autographe de Madame E. de Girardin, signée de ses initiales, 4 janvier 1840, 4 pag. in-8.

Lettre intéressante. Elle parle de *Barbaler* qui l'a beaucoup amusé, du roman d'Ourliac (*Suzanne*, 1840) qu'elle trouve dangereux pour les enfants, de l'article de J. Sandeau sur Bernardin de Saint Pierre, etc.

GLATIGNY (Albert).

1349. Les Vignes folles, poésies, avec un frontispice de Charles Voillemot, gravé à l'eau-forte par Bracquemond. *Paris, Librairie nou-*

velle, 1860, in-8, cartonn., dos et coins de mar. grenat foncé, fil., dos orné, non rogné, couverture (*Carayon*).

Edition originale.
Sur le faux titre, *envoi autographe* de l'auteur à son ami Dericu.

1350. Poésies de Albert Glatigny. Les Vignes folles, les Flèches d'or, le Bois. *Paris, Lemerre,* 1870, in-12, broché.

Première édition collective.
Un des 22 exemplaires imprimés sur **papier de Hollande.**

1351. L'Ombre de Callot, prologue, en vers en un acte, représenté, la première fois, le 26 septembre 1863, pour l'ouverture du Théâtre de Nancy, sous la direction de M. Emile Marck. *Nancy, Imp. de Vve Nicolas,* 1863, in-8 de 18 pag., broché.

Edition originale.

1352. Les Flèches d'or, poésies. *Paris, Frédéric Henry,* 1864, in-12, broché.

Edition originale.
Exemplaire, avec la première couverture, contenant *un envoi et une intéressante lettre autographes* de l'auteur à Charles Monselet.

1353. Les Flèches d'or, poésies. *Paris, Frédéric Henry,* 1864, in-12, broché.

Edition originale, avec la couverture réimprimée, celle qu'on rencontre le plus souvent,

1354. Prologue représenté pour l'ouverture du théâtre des Délassements-Comiques. *Paris, Lemerre,* 1867 (Papier de Hollande). — Vers les Saules, comédie. *Ibid., id.,* 1870 (Papier de Chine). — Le Bois, comédie en un acte, en vers. *Ibid., id.,* 1870 (Papier de Chine). — Rouen, 1431-1870. *Ibid., id.,* 1871. — Le Singe, comédie en un acte. *Ibid., id.,* 1872. — Les Folies-Marigny. Prologue. *Ibid., id.,* 1872. — Le Compliment à Molière. A-propos en un acte. *Ibid., id.,* 1872. — La Presse nouvelle. *Ibid., id.,* 1872. — L'Illustre Brizacier, drame en un acte. *Ibid., id.,* 1873. — Ens. 9 plaquettes in-12, brochées.

Editions originales, sauf *Vers les Saules* et *Le Bois*; on a ajouté à cette dernière plaquette *une lettre autographe* de Glatigny relative aux répétitions du *Bois.*

1355. Pès de Puyane, maire de Bayonne, drame en 3 actes. *Bayonne, Librairie centrale,* 1868, in-16, broché.

Edition originale.

1356. Le Jour de l'an d'un vagabond. *Nice, Typog. de V. Eugène Guathier et Cie*, 1869, in-18, broché.

Edition originale.

La couverture porte comme adresse : *A Paris, au Bureau du Journal l'Eclypse.*

1357. Le Fer rouge, nouveaux chatiments. *France et Belgique chez tous les libraires*, 1870, in-18, broché.

Edition originale.

1358. Le Fer rouge, nouveaux chatiments. *France et Belgique chez tous les libraires*, 1871, gr, in-8, cartonn. en étoffe, brochée, non rogné (*Couvert.*).

Edition faite avec la même composition typographique que l'édition originale, un peu remaniée. Elle a été tirée à petit nombre sur Hollande et sur Chine et elle est ornée d'un frontispice de *Félicien Rops*, gravé à l'eau-forte.

Exemplaire imprimé sur **papier de Chine**, contenant le frontispice en deux états : noir et sanguine.

1359. Gilles et Pasquins. *Paris, Lemerre*, 1872, in-12, cartonn. toile bleue, non rogné (*Couvert.*).

Edition originale.

1360. Les Gendarmes de Canisy, chanson. Musique de M. de Beauplan. *Canisy*, 1872, pet. in-12 de 7 pag., broché.

Edition originale.

1361. *A Thérèse*, poésie autographe, signée, d'Albert Glatigny, 3 pag. in-18.

Belle pièce commençant ainsi :

Petite amoureuse à la voix câline
Démon gracieux, ô joie, ô gaîté !

1362. Les *Funérailles de Théophile Gautier*, poésie autographe, signée, d'Albert Glatigny, 2 pag. 1/3 in-8.

On y a joint une *petite poésie autographe*, signée, de Glatigny, extraite de l'Album de Poulet-Malassis.

D'Hafiz, le poète persan
en son métier bon artisan.

14

1363. 3 lettres autographes, signées, de Glatigny, à Poulet-Malassis. Ens. 6 pag. in-8.

Lettres relatives aux poésies de Glatigny.

On y a joint un reçu autographe de Glatigny à Poulet-Malassis écrit sur papier timbré, Bruxelles 4 Mai 1866, relatif à un volume de Glatigny en préparation : *La Comédie errante, dernier roman comique.*

1364. 7 lettres autographes, signées, d'Albert Glatigny, 1868-1870.

Correspondance intéressante adressée à son ami G. Isambert; elle est en partie littéraire, mais plusieurs lettres, écrites en 1870, sont relatives aux événements de l'époque et l'une d'elles est très dure pour les habitants de l'Eure.

1365. Lettre autographe, signée d'Albert Glatigny à Charles Bataille, 3 septembre 1860, 3 pag. in-8.

Curieuse lettre littéraire à son *divin Bataille.*

1366. GOETHE. Faust, tragédie de M. de Goethe, traduite en français par M. Albert Stapfer, ornée d'un portrait de l'auteur et de dix-sept dessins composés d'après les principales scènes de l'ouvrage et exécutés sur pierre par Eugène Delacroix. *Paris, Motte,* 1828, in-fol., mar. brun, chaque plat orné d'un motif mosaïqué ; sur le premier : rouet, boîte, guitare, miroir et sur le second, trois épées enlacées par un serpent, dos orné de marguerites mosaïquées, tr. dor., gardes de soie brochée, étui (*Baile*).

Premier tirage des illustrations d'*Eugène Delacroix.*

GONCOURT (Edmond et Jules de).

1367. En 18... *Paris, Dumineray,* 1851, in-12, mar. La Vall., jans., large dent. int., tr. dor., couverture (*Quinet*).

Edition originale du premier ouvrage des Goncourt, en partie détruite par les auteurs. 84 exemplaires seulement ont été vendus ou donnés; 2 portraits, sur Chine, ajoutés.

Curieux exemplaire portant la note et les envois suivants :

Sur la couverture :

à Gavarni
J. DE GONCOURT.

Sur le faux titre :

à Théodore Child
souvenir bien amical.
EDMOND DE GONCOURT

Au-dessous :

à Jean Lorrain
En souvenir de Théodore Child.
W. T. N.

et au bas du faux titre :

Heureux de retrouver entre des mains amies, ce livre si bien habillé, ce premier livre du début littéraire des deux frères.
EDMOND DE GONCOURT.

1368. En 18... *Paris, Dumineray*, 1851, in-12. broché.

EDITION ORIGINALE.

Sur la couverture, autographe de J. de Goncourt : *à la rédaction de l'Illustration.*

1369. Un premier livre. En 18. Avec une préface d'Edmond de Goncourt et un portrait des auteurs, gravé par A. Descaves, d'après une photographie du temps. *Bruxelles, Kistemaeckers, s. d.* (1884), in-12, broché.

Seconde édition, contenant les passages supprimés dans la première édition de 1851.

Envoi autographe d'Edmond de Goncourt à Ph. Burty, sur le faux titre.

Un des **25** exemplaires imprimés sur **papier du Japon**, contenant le portrait en DEUX états ; les fleurons et initiales sont tirés en bleu.

1370. Un premier livre. En 18.. *Bruxelles, Kistemaeckers, s. d.* (1884), in-12, broché.

Sur le faux titre, *envoi autographe* d'Edmond de Goncourt à Barbey d'Aurevilly.

1371. Salon de 1852. Peinture, dessins, sculpture, gravure, lithographie. *Paris, Michel Lévy frères*, 1852, in-12, cartonn. demi-toile verte, non rogné (*Couvert.*).

EDITION ORIGINALE.

Un des **10** exemplaires imprimés sur **papier vélin fort**, titre rouge et noir.

1372. Etudes d'art, le salon de 1852, la Peinture à l'exposition de 1855. Préface de Roger Marx. Aquarelles et eaux-fortes d'Edmond et Jules de Goncourt reproduites par l'héliogravure. *Paris, Flammarion, s. d.* (1893), in-12, broché.

Un des **15** exemplaires imprimés sur **papier du Japon,** contenant une double épreuve des gravures.

1373. Mystères des Théâtres, 1852, par Edmond de Goncourt, Jules de Goncourt, Cornelius Holff [pseudonyme du comte de Villedeuil]. *Paris, Librairie nouvelle,* 1853, in-8, veau fauve, fil., dos orné, tr. dor. (*E. Niédrée*).

Edition originale.
Très rare exemplaire imprimé sur **papier rose.**
Sur le titre, l'envoi suivant :

A Mr Jules Janin
Souvenir et reconnaissance.
Edmond et Jules de Goncourt.
19 février 1853.
N. B. *Nous ne sommes pour rien dans le titre.*

1374. La Lorette. *Paris, Dentu,* 1853. — Les Actrices. *Ibid., id.,* 1856. Ens. 2 vol. in-32, demi-rel. mar. rouge, tête dor., non rognés.

Editions originales.
Exemplaires de Poulet-Malassis ; *envoi autographe* des auteurs sur le frontispice du premier volume.

1375. La Révolution dans les mœurs. *Paris, Dentu,* 1854, in-12, cartonn. demi-toile, ébarbé.

Edition originale.
Sur le feuillet de garde :

A Mr O. Uzanne
Témoignage de sympathie.
E. de Goncourt.

1376. Une Voiture de masques. *Paris, Dentu,* 1855, in-12, en feuilles dans un étui.

Exemplaire composé d'épreuves en placards et en bonnes feuilles, contenant des **corrections autographes** des auteurs.

1377. Une Voiture de masques. *Paris, Dentu,* 1856, in-12, demi-rel. mar. rouge, tête jasp., non rogné (*Rel. de l'époque*).

Edition originale.

Exemplaire imprimé sur **papier de Hollande** ; très rare.

Il y aurait eu 7 exemplaires tirés sur ce papier d'après le catalogue de la vente des Goncourt.

Sur le faux titre :

à Paul de Saint-Victor
ses amis
E. et J. de Goncourt.

1378. Une Voiture de masques. *Paris, Dentu,* 1856, in-12, cartonn. dos et coins de toile grise, non rogné (*Couvert.*).

Edition originale.

Un des très rares exemplaires imprimés sur **papier rose**.

1379. Quelques créatures de ce temps. *Paris, G. Charpentier,* 1876, in-12, broché.

Première édition sous ce titre de *Une Voiture de masques.*

Un des **25** exemplaires imprimés sur **papier de Hollande.**

1380. Sophie Arnould d'après sa correspondance et ses mémoires inédits. *Paris, Poulet-Malassis et De Broise,* 1857, in-12, dos et coins de mar. rouge, fil., dos orné, tête dor., non rogné, couverture (*Cuzin*).

Edition originale.

Un des 30 exemplaires contenant un *Appendice* de 2 pages (certificat du Dr Morand et passages de certaines lettres non imprimés dans l'ouvrage).

Sur le faux titre :

A Charles Monselet
Revive le dix-huitième siècle
E. et J. de Goncourt.

1381. Sophie Arnould d'après sa correspondance et ses mémoires inédits. *Paris, Dentu,* 1877, pet. in-4, broché.

Texte dans des encadrements gravés sur bois d'après *Cl. Popelin.* Portrait de Sophie Arnould, gravé par *F. Flameng* et vignettes dans le texte gravées à l'eau-forte par le même artiste.

Un des quelques exemplaires imprimés sur **papier de Chine.**

1382. Portraits intimes du XVIIIe siècle, études nouvelles d'après les lettres autographes et les documents inédits. *Paris, Dentu,* 1857-1858, 2 vol. in-18, brochés.

Edition originale.

Un des 100 exemplaires imprimés sur **papier vergé.**

1383. Histoire de Marie Antoinette. *Paris, Librairie de Firmin Didot frères, fils et Cie*, 1858, in-8, dos et coins de mar. violet foncé, fil., dos orné, tête dor., non rogné (*Rel. de l'époque*).

Edition originale.

Sur le faux titre :

à Jules Janin

E. et J. de Goncourt.

1384. Histoire de Marie-Antoinette. Nouvelle édition, revue et augmentée de lettres inédites et de documents nouveaux. *Paris, G. Charpentier*, 1878, in-12, broché.

Papier de Hollande.

1385. Les Hommes de lettres. *Paris, Dentu*, 1860, in-12, demi-rel. veau fauve, tête jasp., non rogné.

Edition originale.

Exemplaire imprimé sur **papier chamois**; très rare.

1386. Les Hommes de lettres. *Paris, Dentu*, 1860, in-12, broché.

Edition originale.

1387. Les Maîtresses de Louis XV (lettres et documents inédits). *Paris, Librairie de Firmin Didot frères, fils et Cie*, 1860, 2 vol. in-8, dos et coins de mar. vert clair, fil., dos orné, tête dor., ébarbés (*Hardy*).

Edition originale.

Un des rares exemplaires imprimés sur **papier vélin fort de Hollande.**

Sur le faux titre du premier volume :

A Mr Jules Janin
ses très dévoués

E. et J. de Goncourt.

1388. Les Maîtresses de Louis XV (lettres et documents inédits). *Paris, Librairie de Firmin Didot frères, fils et Cie*, 1860, 2 vol., gr. in-8, brochés.

Edition originale.

Exemplaire imprimé sur **papier de Hollande**, très rare. Les couvertures ne sont pas imprimées dans ces exemplaires.

Sur le faux titre du premier volume :

à Paul de Saint Victor
ses amis

E. et J. de Goncourt.

Un des six exemplaires tirés sur papier de Hollande.

1389. Sœur Philomène. *Paris, Librairie nouvelle,* 1861, in-12, broché.

EDITION ORIGINALE.
Bel exemplaire.

1390. Sœur Philomène. *Paris, Librairie nouvelle,* 1861, in-12, cartonn. toile grise, tête dor., non rogné (*Couvert.*).

EDITION ORIGINALE.
Lettre autographe d'Edmond de Goncourt, ajoutée.

1391. Jules Vidal et Arthur Byl. Sœur Philomène, pièce en deux actes, en prose tirée du roman de MM. Edmond et Jules de Goncourt. *Paris, Léon Vanier,* 1887, in-12, cartonn. dos et coins de mar. La Vall., non rogné (*Couvert.*).

EDITION ORIGINALE.
Un des exemplaires imprimés sur **papier du Japon**, non mis dans le commerce.
On y a ajouté :
1° *Un billet autographe* et une carte avec trois lignes autographes d'Alphonse Daudet;
2° Une lettre autographe de L. Montrouge ;
3° Une lettre autographe de l'éditeur Kistemaeckers relative à l'édition de la pièce ;
4° *Un billet autographe* de Mme Alphonse Daudet ;
5° Une carte d'Emile Zola avec *cinq lignes autographes* ;
6° *Une lettre autographe* d'Edmond de Goncourt à Arthur Byl.
Toutes ces lettres et cartes sont relatives à la pièce.

1392. Germinie Lacerteux. *Paris, Charpentier,* 1864, in-12, broché.

EDITION ORIGINALE.
Sur le faux titre :
A George Sand
hommage
de ses très humbles
E. ET J. DE GONCOURT.

1393. Germinie Lacerteux. Nouvelle édition. *Paris, G. Charpentier,* 1877, in-12, broché.

Un des **25** exemplaires imprimés sur **papier de Hollande**.

1394. Renée Mauperin. *Paris, Imprimerie de Dubuisson et Comp.,* 1864, pet. in-4 à 2 col., cartonn.

EDITION PRÉ-ORIGINALE ; extrait du journal l'*Opinion nationale*.

1395. Renée Mauperin. *Paris, Charpentier*, 1864, in-12, broché.

Edition originale.
Le dos de la couverture manque.

Sur le faux titre :

A Aurélien Scholl
ses amis de la première heure
E. et J. de Goncourt.

1396. Germinie Lacerteux. *Paris, Charpentier*, 1864, in-12, cartonn. demi-toile bleue, non rogné (*Couvert.*).

Edition originale.
Lettre autographe d'Edmond de Goncourt ajoutée.

1397. Henriette Maréchal, drame en trois actes en prose, représenté pour la première fois sur le Théâtre-français, le 5 Décembre 1865, précédé d'une histoire de la pièce. *Paris, Librairie internationale*, 1866, in-8, cartonn. dos et coins de toile grise, non rogné (*Couvert.*).

Edition originale.
Dans le même volume : *Ce que je pense d'Henriette Maréchal, de sa préface et du théâtre de mon temps*, par Pipe-en-bois (Cavalier). Paris, Librairie centrale, 1866.

1398. Henriette Maréchal, drame en trois actes, en prose. Nouvelle édition précédée d'une préface inédite par Edmond de Goncourt. *Paris, Charpentier et Cie*, 1885, in-12, demi-rel. mar. grenat, tête dor., ébarbé.

Sur le faux titre l'*envoi autographe* suivant (à Léonide Leblanc qui joua le rôle d'Henriette Maréchal à l'Odéon) :

A l'artiste consciencieuse
à l'actrice vraiment femme du monde,
à la femme bon enfant.
Edmond de Goncourt.

1399. Idées et sensations. *Paris, Librairie internationale*, 1866, in-8, broché.

Edition originale.

1400. Idées et sensations. *Paris, G. Charpentier*, 1877, in-12, broché.

Première édition de ce format.
Un des 25 exemplaires imprimés sur papier de Hollande.

1401. Manette Salomon. *Paris, Librairie internationale,* 1867, 2 vol. in-12, brochés.

Edition originale.
Bel exemplaire, non coupé.

1402. Correspondance avec Lacroix Verboeckhoven et Cie, éditeurs à Bruxelles (1865-69). 15 lettres autographes signées, en 1 vol. in-4, cartonn. mar. bleu foncé, jans. (*Brisson*).

Correspondance relative à *Manette Salomon*, aux *Hommes de lettres* et à *Madame Gervaisais*.
De la bibliothèque de M. Pierre Dauze.

1403. Manette Salomon, pièce en neuf tableaux, précédée d'un prologue, tirée du roman d'Edmond et Jules de Goncourt. *Paris, Charpentier et Fasquelle,* 1896, in-8, broché.

Edition originale.
Un des **15** exemplaires imprimés sur **papier du Japon**.

1404. Madame Gervaisais. *Paris, Librairie internationale*, 1869, in-8, broché.

Edition originale.

1405. La Patrie en danger, drame en cinq actes et en prose. *Paris, Dentu, s. d.* (1873), in-12 tiré in-8, broché.

Edition originale.
Tirage spécial à 100 exemplaires de format in-8 avec texte réimposé.
Sur le faux titre :

A Mme Sand
hommage respectueux et affectueux.
Edmond de Goncourt.

1406. L'Amour au dix-huitième siècle. *Paris, Dentu,* 1875, in-16, frontisp. de Boilvin, broché.

Première édition séparée d'un chapitre de la *Femme au XVIIIe siècle.*

1407. La Fille Élisa. *Paris, G. Charpentier,* 1877, in-12, broché,

Edition originale.
Papier de Hollande.

1408. La Femme au dix-huitième siècle. Nouvelle édition revue et augmentée. *Paris, G. Charpentier,* 1877, in-12, broché.

Un des 50 exemplaires imprimés sur **papier de Hollande.**

1409. La Du Barry. Nouvelle édition revue et augmentée de lettres et documents inédits. *Paris, G. Charpentier*, 1878, in-12, broché.

Un des 50 exemplaires imprimés sur **papier de Hollande**.

1410. Portraits intimes du dix-huitième siècle, études nouvelles d'après les lettres autographes et les documents inédits. *Paris, G. Charpentier*, 1878, in-12, broché.

Première édition Charpentier.
Un des 50 exemplaires imprimés sur **papier de Hollande**.

1411. Les Frères Zemganno. *Paris, Charpentier*, 1879, in-12, broché.

Edition originale.
Papier de Hollande.

1412. Théâtre (Henriette Maréchal, la Patrie en danger). *Paris, G, Charpentier*, 1879, in-12, broché.

Première édition collective.
Un des 50 exemplaires imprimés sur **papier de Hollande**.

1413. La Maison d'un artiste. *Paris, G. Charpentier*, 1881, 2 vol. in-12, cartonn. en étoffe bleue brochée, tête dor., non rognés (*Couvert.*).

Edition originale.
Un des 10 exemplaires imprimés sur **papier de Chine**; il renferme un *envoi et une curieuse lettres autographes* d'Edmond de Goncourt à Philippe Burty.

1414. La Maison d'un artiste. *Paris, G. Charpentier*, 1881, 2 vol. in-12, demi-rel. mar. grenat, tête dor., non rognés, couvertures (*Champs*).

Edition originale.
Un des 50 exemplaires imprimés sur **papier de Hollande**; on y a ajouté une eau-forte de J. de Goncourt et un petit dessin, à la mine de plomb, représentant la maison d'Ed. de Goncourt.

1415. La Saint-Huberty d'après sa correspondance et ses papiers de famille. *Paris, Dentu*, 1882, in-16, texte encadré, frontisp. de Lalauze, cartonn. papier marbré, non rogné (*Couvert.*).

Edition originale.
Un des quelques exemplaires imprimés sur **papier de Chine**, contenant le frontispice en deux états et auquel on a ajouté *une lettre autographe* d'Edm. de Goncourt à Paul Foucher relative au volume.

1416. La Faustin. *Paris, G. Charpentier*, 1882, in-12, broché.

Edition originale.
Papier de Hollande.

1417. Chérie. In-4, mar. brun, jans., titre sur le premier plat, tr. dor. (*Pierson*).

Manuscrit autrographe du roman, portant cette note sur le feuillet de garde, au-dessus de l'ex-libris des Goncourt :
Manuscrit qui a servi à l'impression de Chérie. *De nombreux changements ont été apportés au texte primitif pendant la correction des épreuves.*
Edmond de Goncourt

1418. Chérie. *Paris, G. Charpentier et Cie*, 1884, in-12, broché.

Edition originale.
Papier de Hollande.

1419. Lettres de Jules de Goncourt, fac-similé de lettre, portrait d'après un émail de Claudius Popelin, gravé à l'eau-forte par E. Abot. *Paris, G. Charpentier et Cie*, 1885, in-12, dem.-rel. mar. grenat, tête dor., non rogné, couverture (*Champs*).

Edition originale.
Un des **55** exemplaires imprimés sur **papier de Hollande.**

1420. Pages retrouvées, préface de Gustave Geffroy. *Paris, Charpentier et Cie*, 1886, in-12, broché.

Edition originale.
Un des **50** exemplaires imprimés sur **papier de Hollande.**

1421. Journal des Goncourt, mémoires de la vie littéraire. *Paris, G. Charpentier et Cie*, 1887-1896, 9 vol. in-12, cartonn., dos et coins de toile bleue, non rognés (*Couvert.*).

Edition originale.
Un des **10** exemplaires imprimés sur **papier du Japon.**

1422. Préfaces et manifestes littéraires. *Paris, G. Charpentier et Cie*, 1888, in-12, broché.

Edition originale.
Un des **25** exemplaires imprimés sur **papier de Hollande.**

1423. A bas le Progrès, bouffonnerie satirique en un acte. *Paris, Charpentier et Fasquelle*, 1893, in-12, broché.

Edition originale.

1424. Hokousaï, fac-simile du portrait d'Hokousaï octagénaire peint par sa fille Oyèi. *Paris, G. Charpentier et Fasquelle,* 1896, in-12, broché.

Edition originale.

Un des **20** exemplaires imprimés sur **papier du Japon** ; portrait en deux états.

1425. La Nuit de la St Sylvestre, pet. in-4 de 18 ff., cartonn. papier gris.

Manuscrit original de Jules de Goncourt, signé : *par Mrs Edmond et Jules de Goncourt.*

Œuvre de jeunesse publiée, le 17 janvier 1852, dans l'*Éclair*, journal fondé par Ch. de Villedeuil, cousin des Goncourt.

Il fut fait un tirage à part à 4 exemplaires, in-4 de 8 pages à 2 col. sur papier vergé très fort.

Cette saynète ne fut jamais réimprimée (voir Tourneux, *Bibliothèque des Goncourt.* Paris, Techener, 1897).

1426. *Une passionnette de petite fille,* par Edmond de Goncourt, 3 pag. 1/2 in-4.

Manuscrit original, signé, d'une nouvelle publiée dans la *Revue indépendante,* en mai 1884.

1427. Lettre autographe, signée, de Jules de Goncourt, Dijon 15 août 1849, 4 pag. in-8.

Très curieuse lettre de jeunesse à un ami qui prépare son baccalauréat. J. de Goncourt fait une plaisante peinture des mathématiques, il demande des nouvelles d'un drame que son ami écrit en collaboration. La lettre se termine par une pièce de vers de J. de Goncourt, *Une salle de l'Hôtel Dieu,* qui lui a été inspirée par la lecture des œuvres d'Hégésippe Moreau.

1428. Alidor Delzant. Les Goncourt. *Paris, G. Charpentier et Cie,* 1889, in-12, broché.

Edition originale.

Un des **25** exemplaires imprimés sur **papier de Hollande.**

1429. GONDINET (Edmond). Le Panache, comédie en trois actes. *Paris, Michel Lévy frères,* 1875, in-12, dos et coins de mar. rouge, tête dor., non rogné, couverture (*Bretault*).

Edition originale.

Sur le faux titre, *envoi autographe* de l'auteur à l'acteur Hyacinthe qui joua dans la pièce le rôle de l'aubergiste.

1430. GORTON-BUSSET. Les Bonnets verts, mœurs rastaquouères. *Paris, Ollendorff*, 1901, in-12, broché.

Edition originale.

Un des 5 exemplaires imprimés sur **papier de Hollande**.

Sur la couverture, *dédicace autographe* de l'auteur à José-Maria de Heredia.

1431. GOUDEAU (Émile). Fleurs de bitume, petits poèmes parisiens. *Paris, Lemerre*, 1878, in-12, broché.

Edition originale.

1432. GOUDEAU (Émile). Poèmes ironiques. *Paris, Ollendorff*, 1884. — (Envoi autog. de l'auteur à Aurélien Scholl). — La Vache enragée. *Ibid., id.*, 1885. — Dix ans de Bohème. *Paris, Librairie illustrée, s. d.*, 1888. — Les Billets bleus. Illustrations de Trock. *Ibid., id., s. d.* (1887). — Ens. 4 vol. in-12, brochés.

Editions originales.

1433. GOUDEAU (Émile). Voyages de découvertes du célèbre A' Kempis à travers les Etats-Unis de Paris. Dessins de Henri Rivière, portrait par Uzès. *Paris, Jules Lévy*, 1886, in-12, cartonn., dos et coins de toile bleue, non rogné, couverture de Chéret (*Carayon*).

Edition originale.

Exemplaire imprimé sur **papier du Japon**.

GOURMONT (Rémy de).

1434. Merlette. *Paris, Plon, Nourrit et Cie, s. d.* (1886), in-12, broché.

Edition originale.

1435. Sixtine, roman de la vie cérébrale. *Paris, Savine*, 1890, in-12, broché.

Edition originale.

On y a ajouté le compte rendu autographe du livre, par Louis Denise, paru dans le *Mercure de France*.

1436. Litanies de la rose. *Paris, Édition du « Mercure de France », et se vend chez Léon Vanier*, 1892, pet. in-8 de 29 pages, broché.

Edition originale tirée à 84 exemplaires sur Japon français, de diverses couleurs.

Celui-ci est un des 21 exemplaires imprimés sur **papier jaspe, gris de fer**.

1437. Le Latin mystique. Les Poètes de l'antiphonaire et la symbolique au Moyen-âge. Préface de J.-K. Huysmans, miniature de Filiger. *Paris, Mercure de France,* 1892, gr. in-8, broché.

Edition originale.
Un des **7** exemplaires imprimés sur **Japon pourpre cardinalice** auquel on a ajouté *une belle lettre autographe* de R. de Gourmont à Léon Bloy; elle est relative au volume et écrite sur papier pourpre.

1438. Le Latin mystique. Les Poètes de l'Antiphonaire et la Symbolique au moyen âge. Préface de J.-K. Huysmans, miniature de Filiger. *Paris, Mercure de France.* 1892, gr. in-8, cartonn., dos et coins de toile rouge, non rogné (*Couvert.*).

Edition originale.
Un des **10** exemplaires imprimés sur **grand papier de Hollande.**

1439. Lilith. *Paris, des Presses des Essais d'Art libre,* 1892, in-12, broché.

Edition originale.

1440. Théodat. *Paris, Mercure de France,* 1893, in-12, broché.

Edition originale.
Un des **18** exemplaires imprimés sur **papier vert byzantin.**

1441. Le Fantome. *Paris, Mercure de France,* 1893, in-12 en hauteur, broché.

Edition originale ornée de 2 lithographies d'*Henry de Groux.*
Un des **18** exemplaires imprimés sur **Japon français rose fané,** contenant les lithographies en trois états.

1442. Fleurs de jadis. *Paris, Mercure de France, s. d.* (1893), in-16, broché.

Edition originale, tirée à 47 exemplaires sur papier de Hollande.

1443. L'Idéalisme. *Paris, Mercure de France,* 1893, in-18, frontispice, broché.

Edition originale
Un des **15** exemplaires imprimés sur **vélin de Hollande.**

1444. Le Château singulier. *Paris, Mercure de France,* 1894, in-16, broché.

Edition originale.
Un des **7** exemplaires imprimés sur **papier de Chine.**

1445. Histoires magiques. *Paris, Mercure de France*, 1894, in-12, broché.

Edition originale ornée d'un frontispice d'*Henry de Groux*.
Un des **7** exemplaires imprimés sur **papier de Chine**.

1446. Proses moroses. *Paris, Mercure de France*, 1894, in-18 en hauteur, broché.

Edition originale, tirée à petit nombre.

1447. Histoire tragique de la princesse Phénissa, expliquée en quatre épisodes. *Paris, Mercure de France*, 1894, plaquette pet. in-8 de 44 pages, brochée.

Edition originale tirée à 98 exemplaires.
Celui-ci est imprimé sur **papier du Japon**.

1448. Phocas. Avec une couverture et trois vignettes par Rémy de Gourmont. *A Paris, Collection de « L'Ymagier », et se vend au Mercure de France*, 1895, in-16, broché.

Edition originale.

1449. Le Livre des Masques, portraits symbolistes, gloses et documents sur les écrivains d'hier et d'aujourd'hui. Les Masques au nombre de XXX, dessinés par F. Vallotton. — Le IIme Livre des Masques. Les Masques au nombre de XXIII dessinés par F. Vallotton. *Paris, Mercure de France*, 1896-1898, 2 vol. in-12, brochés.

Edition originale.
Un des **25** exemplaires imprimés sur **papier de Chine**.

1450. Le Pèlerin du Silence. Phenissa, le Fantôme, le Chateau singulier, le livre des litanies, théâtre muet. Orné d'un frontispice d'Armand Seguin. *Paris, Mercure de France*, 1896, in-12, broché.

Un des **12** exemplaires imprimés sur **papier de Hollande**.

1451. Les Chevaux de Diomède, roman. *Paris, Mercure de France*, 1897, in-12, broché.

Edition originale.
Un des **15** exemplaires imprimés sur **papier de Hollande**.

1452. Le vieux Roi, tragédie nouvelle. *Paris, Mercure de France*, 1897, in-12, broché.

Edition originale.

1453. D'un pays lointain. Miracles, visages de femmes, anecdotes. *Paris, Mercure de France*, 1898, in-12, broché.

Edition originale.
Un des **12** exemplaires imprimés sur **papier de Hollande.**

1454. Esthétique de la langue française. *Paris, Mercure de France*, 1899, in-12, broché.

Un des **12** exemplaires imprimés sur **papier de Hollande.**

1455. Le Songe d'une femme, roman familier. *Paris, Mercure de France*, 1899. — Physique de l'Amour. *Ibid., id.*, 1903. — Une Nuit au Luxembourg, roman. *Ibid., id.*, 1906. — La petite ville, paysages. *Ibid., id.*, 1913, in-16. — Ens. 4 vol. in-12 et in-16, brochés.

Editions originales.

1456. La Culture des Idées. Du style ou de l'écriture. — La Création subconsciente. — La Dissociation des idées. — Stéphane Mallarmé et l'idée de décadence. — Le Paganisme éternel. — La Morale de l'amour. — Ironies et paradoxes. *Paris, Mercure de France*, 1900, in-12, broché.

Edition originale.
Un des **10** exemplaires imprimés sur **papier de Hollande.**

1457. Simone, poème champêtre, 1897. *Paris, Mercure de France*, 1901, in-16, broché.

Edition originale.
Un des **12** exemplaires imprimés sur **papier de Chine**, avec *envoi autographe* de l'auteur à M. Pierre Dauze, sur le feuillet de garde.

1458. Le Problème du style, questions d'art, de littérature et de grammaire. Avec une préface et un index des noms cités. *Paris, Mercure de France*, 1902, in-12, broché.

Edition originale.
Un des **7** exemplaires imprimés sur **papier de Hollande.**

1459. Promenades littéraires. *Paris, Mercure de France*, 1904-1913. 5 vol. in-12, brochés.

Edition originale.
Papier de Hollande dont le premier volume n'a été tiré qu'à 7 exemplaires.

1460. Promenades philosophiques. *Paris, Mercure de France*, 1905, in-12, broché.

Edition originale du premier volume.
Un des 7 exemplaires imprimés sur **papier de Hollande.**

1461. Epilogues. Réflexions sur la vie, 1895-1901. *Paris, Mercure de France*, 1903-1904, 2 vol. — Epilogues. Volume complémentaire, 1905-1912. *Ibid., id.*, 1 vol. — Ens. 3 vol. in-12, brochés.

Edition originale.
Papier de Hollande dont les deux premiers volumes n'ont été tirés qu'à 7 exemplaires.

1462. Oraisons mauvaises. *Paris, Mercure de France*, 1900, in-12, oblong, broché.

Edition originale imprimée à 97 exemplaires.

1463. Couleurs, contes nouveaux suivis de choses anciennes. *Paris, Mercure de France*, 1908, in-12, broché.

Edition originale.
Un des **12** exemplaires imprimés sur **papier de Hollande.**

1464. Divertissements, poèmes en vers. Portrait de l'auteur gravé sur bois par P.-E. Vibert. *Paris, G. Crès et Cie*, 1912, in-12, broché.

Edition originale.

1465. Le Chat de misère, idées et images. *Paris, Société des trente, Albert Messein*, 1912, pet. in-8, broché.

Edition originale.
Un des **20** exemplaires imprimés sur **papier du Japon.**

1466. Lettres d'un satyre. Frontispice dessiné et gravé sur bois par Eug. Vibert. *Paris, G. Crès et Cie*, 1913, in-12, broché.

Edition originale.

1467. Epilogues (Le Lion et la Vierge. — De la Stupidité des assassins. — Sur quelques vieilles pierres trop connues. — Ibsen et les critiques français. — Les Elections. — Affaires de Cuba. — Affaires de Chine. — Le Christianisme et les sauvages), in-8 de 16 ff., cartonn., pap. gris.

Manuscrit autographe, signé, de Rémy de Gourmont ayant servi pour l'impression dans le *Mercure de France.*

1468. GOZLAN (Léon). L'*Oiseau Mouche*, petite poésie et 4 lettres autographes signées, de Léon Gozlan.

1469. GRANDVILLE (J.-J.). Cent proverbes par Grandville. *Paris, Fournier*, 1845, in-8, broché.

Edition originale et premier tirage des illustrations de *Grandville*.

1470. GRANDVILLE (J. J.). Les Fleurs animées par J. J. Grandville. Introduction par Alph. Karr, texte par Taxile Delord. *Paris, Gabriel de Gonet*, 1847, 2 part. en 1 vol. gr. in-8, figures coloriées, mar. rouge, encad. d'un gros fil. à froid et de 5 filets dorés, comp. de fil. et fleurons, dos orné, tr. dor. (*Ginain, rel. du Roi*).

Premier tirage des illustrations de *Grandville*.

1471. GUAITA (Stanislas de). Rosa mystica. *Paris, Lemerre*, 1885, in-12, broché.

Edition originale.
Un des 12 exemplaires imprimés sur **papier de Hollande** auquel on ajouté *une lettre autographe* de l'auteur et une lettre autographe d'Arthur Duparc, cousin de l'auteur, toutes deux relatives au volume et adressées à M. J. Le Petit.
Envoi autographe de l'auteur à M. J. Le Petit, sur le faux titre.

1472. GUÉRIN (Charles). Le Sang des Crépuscules. Prélude musical de Percy Pitt. *Paris, Mercure de France*, 1895, pet. in-8, dos et coins de mar. bleu, non rogné, couverture (*Blanchetière-Bretault*).

Edition originale.

1473. GUÉRIN (Charles). Le Cœur solidaire, édition refondue et augmentée de plusieurs poèmes. *Paris, Mercure de France*, 1904, in-12, broché.

Un des 12 exemplaires imprimés sur **papier de Hollande**.
Sur le faux titre :

à José-Maria de Heredia, mon maître
avec ma vive et respectueuse affection.
Charles Guérin.

1474. GUÉRIN (Charles), L'Homme intérieur, 1901-1905. *Paris, Mercure de France*, 1905, in-12, broché.

Edition originale.
Un des 12 exemplaires imprimés sur **papier de Hollande**.

1475. GUICHES (Gustave). Mœurs de province, l'Ennemi. *Paris, Librairie moderne*, 1887, in-12, cartonn. toile rouge, non rogné, couverture (*Pierson*).

Édition originale.
Exemplaire d'Edmond de Goncourt, imprimé sur **papier de Hollande**, contenant **une page autographe** du manuscrit de l'auteur.
Envoi autographe de l'auteur sur le faux titre.

1476. GUICHES (Gustave). Lettres autographes adressées à Gustave Guiches.

Lettres de Maurice Barrès, Léon Bloy, Juliette Adam, Albert Delpit, Paul Bonnetain, Huysmans, Hermann Paul.

1477. GUILLAUMIN (Émile). Près du sol. *Paris, Calmann-Lévy, s. d.* (1905), in-12, broché.

Édition originale.
Un des **10** exemplaires imprimés sur **papier de Hollande.**

1478. GUILLAUMIN (Émile). Le Syndicat de Baugignoux, roman. *Paris, Fasquelle*, 1912, in-12, broché.

Édition originale.
Un des **5** exemplaires imprimés sur **papier de Hollande.**

1479. GUINON (Albert). Décadence, comédie en quatre actes. *Paris, Librairie théâtrale*, 1901, in-12, broché.

Édition originale d'une pièce dont la représentation fut interdite.
Un des **25** exemplaires imprimés sur **papier de Hollande.**

1480. GUTTINGUER (Ulric). Mélanges poétiques. *Paris, Auguste Boulland et Cie*, 1824, gr. in-8, broché.

Édition originale.
Exemplaire imprimé sur **grand papier vélin.**

1481. GUTTINGUER (Ulric). Arthur (par Ulric Guttinguer). *Paris, Eugène Renduel*, 1837, in-8, broché.

On y a ajouté une lettre autographe de Sainte-Beuve, du 15 mai 1835, relative à *Arthur*. On sait que Sainte-Beuve devait écrire ce roman en collaboration avec Guttinguer. Ce dernier publia à Rouen, chez Nicolas Périaux, en 1834, sous le titre de *Arthur ou religion et solitude*, un roman très différent de celui publié en 1837.

1482. GUTTINGUER (Ulric). *Voltaire revient*, article autographe, signé, de Guttinguer, 3 pag. 1/4 in-4.

Charge très vive contre les ultra-romantiques et les révolutionnaires à propos d'une apologie de Voltaire par Peyrat.

1483. GUTTINGUER (Ulric). 14 lettres autographes, signées, d'Ulric Guttinguer à l'éditeur Renduel, du 25 juillet 1836 au 28 mars 1841. Ens. 21 pag. in-8 et in-4.

Correspondance littéraire des plus intéressantes; 12 de ces lettres sont relatives au roman de Guttinguer *Arthur* paru chez Renduel en 1837. Il prie Renduel de « causer avec son ami Mr Sainte-Beuve qui a tous ses pouvoirs dans cette affaire ».

Les deux autres lettres proposent à Renduel un volume de nouvelles qui n'a aucun rapport avec *Arthur*.

1484. GYP [comtesse de Martel]. *Les Chéris*, manuscrit in-fol. de 28 pages.

Manuscrit autographe signé.

On y a ajouté une lettre autographe, de Gyp, de 5 pag. in-8 relative à *Un Dialogue des morts* qu'elle désire donner à la *Libre parole*.

HALÉVY (Ludovic).

1485. Ba-ta-clan, chinoiserie musicale en un acte, paroles de M. Ludovic Halévy, musique de J. Offenbach. *Paris et l'étranger, Léon Escudier*, 1856, in-12 de 36 pages, broché.

Edition originale, très rare.

Sur la couverture, *envoi autographe* de l'auteur à son ami Harel.

1486. Une Maladresse, nouvelle. *Paris, imprimé chez Bonaventure et Ducessois*, 1857, in-8 de 46 pag., cartonn. toile bleue, non rogné, couverture (*Champs*).

Edition originale.

Tirage à part de l'*Artiste* imprimé à quelques exemplaires seulement.

Lettre autographe de l'auteur, ajoutée.

1487. Rose et Rosette, drame-vaudeville en trois actes par M. Ludovic Halévy, musique de M. Oray, in-4 de 16 pag. à 2 col., vignette en tête de la première page, cartonn. de l'époque, dos et coins chag. rouge, plats toile avec le titre dor. sur le premier plat.

Edition originale; 380e livraison du *Théâtre contemporain illustré* (1858), publié par Michel Lévy frères.

Sur un feuillet de garde, *envoi autographe* de l'auteur à son ami Tom Harel, directeur du théâtre des Folies dramatiques, où fut joué cette pièce, et sur le feuillet suivant, *longue lettre autographe* d'Halévy au même, relative à la pièce et datée du 25 juillet 1858.

1488. Un Scandale. *Paris, Librairie nouvelle,* 1860, in-12 de 59 pag., cartonn., dos et coins de mar. bleu. non rogné, couvert. (*Champs*).

Edition originale.

1489. Marcel. Extrait de la Revue de Paris. *Paris, Typographie de Ad. Lainé et J. Havard,* 1864, gr. in-8 de 64 pag., cartonn., dos et coins mar. vert, non rogné (*Couvert.*).

Edition originale.

1490. L'Invasion, souvenirs et récits. *Paris, Michel Lévy frères,* 1872, in-12, mar. grenat, jans., tr. dor. sur témoins, couverture (*Marius Michel*).

Edition originale.
Un des 30 exemplaires imprimés sur **papier de Hollande** suivant la note écrite par L. Halévy au verso du faux titre.

1491. Les petites Cardinal. Douze vignettes par Henry Maigrot. *Paris, Calmann Lévy,* 1880, in-12, broché.

Edition originale.

1492. Un Mariage d'amour. *Paris, Calmann Lévy,* 1881. — Criquette. *Ibid., id.,* 1883. — Pincesse. *Ibid., id.,* 1887. Ens. 3 vol. in-12, brochés.

Editions originales.

1493. L'Abbé Constantin, in-8, cartonn., demi-toile bleue, non rogné (*Pierson*).

Edition pré-originale.
Extrait des livraisons de décembre 1881, janvier et février 1882 de la *Revue des Deux-Mondes*

1494. L'Abbé Constantin. *Paris, Calmann Lévy,* 1882, in-12, broché.

Edition originale.

1495. Notes et souvenirs, 1871-1872. *Paris, Calmann Lévy,* 1889, in-12, dos et coins de mar. brun, dos orné, tête dor., non rogné (*Couvert.*).

Première édition in-12.
Un des 75 exemplaires imprimés sur **papier de Hollande**; portrait ajouté.
La couverture est imprimée, en noir, sur papier glacé rouge.

1496. Notes et souvenirs, 1871-1872. *Paris, Calmann Lévy*, 1889, in-12, broché.

Première édition in-12.
Un des **75** exemplaires imprimés sur **papier de Hollande**.
La couverture de cet exemplaire est imprimée, en rouge et noir, sur papier bleuté.

1497. Guignol. *Lyon, Société des Amis des livres*, 1890, in-16, broché.

Tiré à 25 exemplaires sur papier de Hollande.

1498. Karikari. *Paris, Calmann Lévy*, in-12, mar. citron, grand encad. doré, dos orné, tête dor., non rogné, couverture (*Franz*).

Edition originale.
Un des **75** exemplaires imprimés sur **papier de Hollande**.
Envoi et billet autographes de l'auteur à Francisque Sarcey.

1499. HARAUCOURT (Edmond). L'Ame nue. *Paris, Charpentier et Cie*, 1885, in-12, broché.

Edition originale.
Un des **30** exemplaires imprimés sur **papier de Hollande**.

1500. HARAUCOURT (Edmond). Amis. *Paris, Charpentier et Cie*, 1877, in-12, broché.

Edition originale.

1501. HARAUCOURT (Edmond). La Passion, mystère en deux chants et six parties. *Paris, Charpentier et Cie*, 1890. — Shylock, comédie en trois actes et sept tableaux, en vers, d'après Shakspeare. *Ibid*., *id*., 1890. – Hero et Léandre, poème dramatique en trois actes. *Ibid*., *id*., 1893. — Ens. 3 vol. in-12, brochés.

Editions originales.

1502. HARAUCOURT (Edmond). Seul. *Paris, Bibliothèque Charpentier*, 1891, in-12, broché.

Edition originale.
Un des **20** exemplaires imprimés sur **papier de Hollande**.

1503. HANNON (Théodore). Les vingt-quatre coups de sonnets, avec frontispice à l'eau-forte. *Bruxelles, Imp. Félix Callewaert père*, 1876, in-12, broché.

Edition originale.
Un des **30** exemplaires imprimés sur **papier de Chine**.

1504. HANNON (Théodore). Rimes de joie, avec une préface de J.-K. Huysmans. Un frontispice et trois gravures à l'eau-forte de Félicien Rops. *Bruxelles, Gay et Doucé,* 1881, pet. in-8, broché.

Edition originale.

Un des **50** exemplaires imprimés sur **papier de Chine** ; il porte, sur le faux titre, l'envoi suivant :

A Emile Zola
au Maître !
son indigne disciple
Théo. Hannon.

1505. HANOTAUX (Gabriel). La Seine et les quais, promenades d'un bibliophile. Frontispice à l'eau-forte par A. Robida. *Paris, Daragon,* 1901, in-16, broché.

Edition originale.

Un des **5** exemplaires imprimés sur **papier de Chine,** contenant le frontispice en trois états.

1506. HARRY (Myriam). [Madame Perrault-Harry]. Petites épouses. *Paris, Calmann-Lévy, s. d.* (1901), in-12, broché.

Edition originale.

1507. HARRY (Myriam). La Conquête de Jérusalem. *Paris, Calmann-Lévy, s. d.* (1904), in-12, broché.

Edition originale.

Un des **10** exemplaires imprimés sur **papier de Hollande.**

Dédicace autographe à José-Maria de Heredia, sur le faux titre.

1508. HARRY (Myriam). Tunis la Blanche. *Paris, A. Fayard, s. d.* (1910), in-12, broché.

Edition originale.

Un des **15** exemplaires imprimés sur **papier de Hollande,** auquel on a ajouté *une lettre autographe* de l'auteur à Catulle Mendès.

HEINE (Henri).

1509. Œuvres. De la France. *Paris, Renduel,* 1833. — Reisebilder, tableaux de voyage. *Ibid., id.,* 1834, 2 vol. — De l'Allemagne. *Ibid., id.,* 1835, 2 vol. — Ens. 5 vol. in-8, brochés.

Editions originales.

1510. Les Dieux en exil, 1853, in-8, cartonn. toile.

Extrait de la livraison du 1er avril 1853 de la *Revue des Deux-mondes.*

1511. Les Dieux en exil. *Bruxelles, Kiessling et Cie*, 1853, in-18, broché.

Édition originale, très rare.

1512. Intermezzo, poème de Henri Heine, traduit en vers français par Paul Ristelhuber. *Paris, Poulet-Malassis et De Broise*, 1857, in-18, broché.

Édition originale de cette traduction.

1513. Intermezzo, poème traduit de Henri Heine par Albert Mérat et Léon Valade. *Paris, Lemerre*, 1868, in-12, broché.

Édition originale de cette traduction.
Sur le feuillet de garde, *envoi autographe* des deux traducteurs.

1514. HELLO (Ernest). Paroles de Dieu. Réflexions sur quelques textes sacrés. *Paris, Palmé*, 1877. — Contes extraordinaires. *Ibid., id.*, 1879. — Les Plateaux de la balance. *Ibid., id.*, 1880. — Ens. 3 vol. in-12, brochés.

Éditions originales.

1515. HENNIQUE (Léon). Deux nouvelles. Les Funérailles de Francine Cloarec. Benjamin Rozes. Portrait de Michiels. *Bruxelles, Kistemaeckers*, 1881, in-32, pap. vergé, broché.

Édition originale.

1516. HENNIQUE (Léon). La Dévouée. *Paris, Charpentier*, 1878, in-12, broché.

Édition originale.
Un des 10 exemplaires imprimés sur **papier de Hollande**.

1517. HENNIQUE (Léon). Les Hauts faits de M. de Ponthau ; illustré de gravures hors texte par Benj. Constant, Gervex, Ingomar, etc. *Paris, Derveaux*, 1880, in-8, 5 grav., broché.

Édition originale.

1518. HEREDIA (J.-M. de). Les Trophées, par José-Maria de Heredia. *Paris, Lemerre*, 1893, in-8, cartonn. dos et coins de mar. rouge, dos orné, non rogné (*Couvert.*).

Édition originale.
Un des 25 exemplaires imprimés sur **papier de Chine**.

1519. HEREDIA (J.-M. de). Discours de réception à l'Académie française, prononcé le 30 Mai 1895. *Paris, Lemerre*, 1895, plaq. in-8, brochée.

Un des 10 exemplaires imprimés sur **papier de Hollande.**

1520. HEREDIA (J.-M. de). Lettre autographe, signée, Douarnenez, 21 octobre 1873, 2 pag. in-8.

Jolie lettre intime à Philippe Burty. Il parle de Mallarmé, Cabanel, Pille, etc.

HERMANT (Abel).

1521. L'Amant exotique, illustrations de Jeanniot, Merwart et Willette. *Paris, Flammarion, s. d.* (1891), in-18, broché.

Edition originale.
Un des 10 exemplaires imprimés sur **papier du Japon.**

1522. Ermeline, 1796. *Paris, G. Charpentier et E. Fasquelle*, 1892, in-12, broché.

Edition originale.
Un des 10 exemplaires imprimés sur **papier de Hollande.**

1523. Le Frisson de Paris. *Paris, Ollendorff*, 1895, in-12, broché.

Edition originale.
Exemplaire imprimé sur **papier alfa.**
Envoi autographe de l'auteur sur le faux titre.

1524. Le Cavalier Miserey, nouvelle édition. Illustrations de Jeanniot, gravées sur bois par G. Lemoine. *Paris, Ollendorff*, 1901, in-12, broché.

Un des 25 exemplaires imprimés sur **papier de Chine.**

1525. Confession d'un enfant d'hier. *Paris, Ollendorff*, 1903, in-12, broché.

Edition originale.
Un des 10 exemplaires imprimés sur **papier de Hollande.**

1526. Confession d'un homme d'aujourd'hui. *Paris, Ollendorff*, 1904, in-12, broché.

Edition originale.
Un des 10 exemplaires imprimés sur **papier de Hollande.**

1527. L'Esbroufe, comédie en trois actes. *Paris, Flammarion, s. d.* (1904), in-12, broché.

ÉDITION ORIGINALE.
Un des **10** exemplaires imprimés sur **papier du Japon.**

1528. La belle Mme Héber, pièce en quatre actes, en prose. *Paris, Lemerre,* 1905, in-12, broché.

ÉDITION ORIGINALE.
Un des **5** exemplaires imprimés sur **papier de Hollande.**

1529. Chronique du Cadet de Coutras. *Paris, Juven, s. d.* (1905), in-12, broché.

ÉDITION ORIGINALE.
Un des **10** exemplaires imprimés sur **papier de Hollande.**

1530. Les grands bourgeois. *Paris, Lemerre,* 1906, in-12, broché.

ÉDITION ORIGINALE.
Un des **10** exemplaires imprimés sur **papier de Hollande.**

1531. La Discorde. *Paris, Lemerre,* 1907, in-12, broché.

ÉDITION ORIGINALE.
Un des **10** exemplaires imprimés sur **papier de Hollande.**

1532. Les Affranchis. *Paris, Lemerre,* 1908, in-12, broché.

ÉDITION ORIGINALE.
Un des **20** exemplaires imprimés sur **papier de Hollande.**

1533. Coutras soldat. *Paris, Juven, s. d.* (1909), in-12, broché.

ÉDITION ORIGINALE.
Un des **15** exemplaires imprimés sur **papier de Hollande.**

1534. Trains de luxe. *Paris, Lemerre,* 1910, in-12, broché.

ÉDITION ORIGINALE.
Un des **20** exemplaires imprimés sur **papier de Hollande.**

1535. La Biche relancée. *Paris, Lemerre,* 1911, in-12, broché.

ÉDITION ORIGINALE.
Un des **30** exemplaires imprimés sur **papier de Hollande.**

1536. Les Renards. *Paris, Michaud, s. d.* (1912), in-12, broché.

ÉDITION ORIGINALE.
Un des **15** exemplaires imprimés sur **papier de Hollande.**

1537. La fameuse comédienne. *Paris, Lemerre,* 1913, in-12, broché.

EDITION ORIGINALE.
Un des **50** exemplaires imprimés sur **papier de Hollande.**

HERVIEU (Paul).

1538. Diogène le Chien. Avec quatre compositions de Tofani. *Paris, Charavay frères,* 1882, in-12, broché.

EDITION ORIGINALE.

1539. La Bêtise parisienne. *Paris, Charavay frères,* 1884. — L'Alpe homicide. *Paris, Laurent,* 1886. — Flirt. *Paris, Lemerre,* 1890, ens. 3 vol. in-12 dont le second cartonn., demi-mar. bleu, non rogné, couverture, et les 2 autres brochés.

Envoi autographe de l'auteur à Guy de Maupassant au second volume.

1540. L'Alpe homicide. *Paris, Laurent,* 1886, in-12, broché.

EDITION ORIGINALE.
Un des **15** exemplaires imprimés sur **papier de Hollande.**

1541. Deux Plaisanteries. Histoire d'un duel. Aux Affaires étrangères. *Paris, Lemerre,* 1888, in-12, cartonn. toile rouge, non rogné, couverture (*Pierson*).

EDITION ORIGINALE.
Exemplaire d'Edmond de Goncourt, imprimé sur **papier de Chine** et contenant *une page du manuscrit autographe* de l'auteur dont le texte est très différent de l'imprimé.
Sur le faux titre, *envoi autographe* de l'auteur à Edmond de Goncourt.

1542. Flirt. *Paris, Lemerre,* 1890, in-12, cartonn. toile bleue, tête dor., non rogné.

EDITION ORIGINALE.
Un des **5** exemplaires imprimés sur **papier de Chine.**

1543. L'Exorcisée. Notes sur la société. *Paris, Lemerre,* 1891, in-12, cartonn. toile rouge, non rogné, couverture (*Pierson*).

EDITION ORIGINALE.
Un des **12** exemplaires imprimés sur **papier de Hollande,** portant sur le faux titre *un envoi autographe* de l'auteur à Edmond de Goncourt.

1544. Les Paroles restent, comédie dramatique. *Paris, Lemerre,* 1893, in-12, cartonn. toile grise, non rogné (*Couvert.*).

Édition originale.
Un des 5 exemplaires imprimés sur **papier de Chine.**

1545. L'Armature. *Paris, Lemerre,* 1895, in-12, broché.

Édition originale.
Un des **15** exemplaires imprimés sur **papier de Chine.**

1546. Les Tenailles, pièce en trois actes. *Paris, Lemerre,* 1896, in-12, cartonn. toile verte, non rogné, couverture (*Durvand*).

Édition originale.
Un des **10** exemplaires imprimés sur **papier de Chine.**

1547. La Course du Flambeau, pièce en quatre actes. *Paris, Alphonse Lemerre,* 1901, in-12, broché.

Édition originale.
Un des **10** exemplaires imprimés sur **papier de Chine.**

1548. Théroigne de Méricourt, pièce en six actes, en prose. *Paris, Lemerre,* 1902, in-12, broché.

Édition originale.
Exemplaire imprimé sur **papier du Japon.**

1549. Le Dédale, pièce en cinq actes, en prose. *Paris, Lemerre,* 1903, in-12, broché.

Édition originale.
Un des **10** exemplaires imprimés sur **papier de Chine.**

1550. Bagatelle, comédie en trois actes, en prose. *Paris, Lemerre,* 1913, in-12, broché.

Édition originale.
Un des **20** exemplaires imprimés sur **papier de Hollande.**

1551. HERVILLY (Ernest d'). Ernest d'Hervilly-Caprices. *Paris, Charpentier,* 1877, in-12, broché.

Édition originale.
Un des **30** exemplaires imprimés sur **papier de Hollande.**

1552. HERVILLY (Ernest d'). La Belle Saïnara, pet. in-4 de 29 pag., cartonn. demi-toile bleue.

Manuscrit autographe signé d'une comédie japonaise en un acte et en vers, représentée pour la première fois le 15 mars 1874, chez Mme Marguerite Charpentier et à l'Odéon, en novembre 1876. Les interprètes de cette pièce étaient Coquelin cadet et MMmes Chapui, Damain et Reichemberg.

Ce manuscrit est contenu dans une couverture dessinée par Ernest d'Hervilly.

1553. HIRSCH (Charles-Henry). Légendes naïves. *Paris, E. Girard*, 1894, in-16, broché.

Edition originale.

1554. HIRSCH (Charles-Henry), L'Amour en herbe, roman. *Paris, Fasquelle*, 1911, in-12, broché.

Edition originale.
Un des **10** exemplaires imprimés sur **papier de Hollande**.

1555. HISTOIRE DES VESTALES et de leur culte, d'après Plutarque, Tacite, Suétone, etc., traduit de l'italien par B. Cartoux. *Paris, Le Fuel, s. d.*, in-18, mar. rouge, à longs grains, dent. à froid, comp. de fil. dorés, fleuron aux angles, tr. dor.

Reliure de l'époque très fraîche.
Titre gravé et 3 figures.

1556. HOFFMANN. Contes fantastiques (traduction nouvelle) précédés de souvenirs intimes sur la vie de l'auteur par P. Christian. Illustrés par Gavarni. *Paris, Lavigne*, 1843, in-8, broché.

Premier tirage des illustrations de *Gavarni*.

1557. HOMÈRE. Odysée, Iliade, traduction nouvelle, accompagnée de notes, d'explications et de commentaires et précédée d'une introduction par Eugène Bareste. Illustrée par Théod. Devilly, A. Titeux et A. De Lemud. *Paris, Lavigne*, 1842-1843, 2 vol. in-8, brochés.

Premier tirage des illustrations gravées sur bois.

HOUSSAYE (Arsène).

1558. Une Pécheresse. *Paris, Désessart*, 1837, 2 vol. in-8, demi-rel. chag. grenat, tête jasp., non rognés (*Couvert.*).

Edition originale.

1559. Madame de Favières. *Paris, Désessart*, 1844, 2 vol. in-8, brochés.

Edition originale.

1560. La Poésie dans les bois. *Paris, Masgana*, 1845, in-12, frontisp. gravé à l'eau-forte par Ch. Jacque, dos et coins de mar. grenat, tête dor., non rogné (*Couvert.*).

Edition originale.
Un des 50 exemplaires imprimés sur **papier vélin fort.**

1561. La Poésie dans les bois, *Paris, Masgana*, 1845, in-12, dos et coins de mar. vert, fil., dos orné, tête dor., non rogné (*Pierson*).

Edition originale.
Sur le faux titre :

Cordial bonjour à mon ami
Taigny, le dénicheur de merles
blancs.

Arsène Houssaye.

1878.

1562. Histoire du 41me fauteuil de l'Académie française. *Paris, Lecou*, 1855, in-8, broché.

Edition originale.

1563. Les Femmes du temps passé. *Paris, Morizot*, 1863, gr. in-8, chagrin brun, plats ornés d'un grand encad. de fil. et de feuilles de lierre dor. encadrant des rinceaux de raisins et feuilles de vigne poussés à froid ; au milieu, le titre du livre en lettres gothiques dorées, dos orné de fers spéciaux, tr. dor.

Première édition illustrée ornée de 20 portraits gravés sur acier.
Reliure de l'éditeur, très fraîche.

1564. Les Cent et un sonnets. Gravures et eaux-fortes. *Paris, Lib. à estampes, Jules Maury et Cie, s. d.* (1874), in-4, dos et coins de vélin blanc, tête dor., non rogné.

Edition originale ornée du portrait d'A. Houssaye et de 7 fig. hors texte grav. à l'eau-forte d'après *Baudry, Aubert, Diaz, H. Merle*, etc.
Un des 20 exemplaires imprimés sur **papier teinté** avec figures tirées sur papier de Chine.

HOUSSAYE (Henry).

1565. Histoire d'Apelles, par Henry Houssaye. *Paris, Didier et Cie*, 1867, in-8, demi-rel. mar. rouge, tête dor., non rogné.

Edition originale dont beaucoup d'exemplaires ont été rachetés et détruits par l'auteur d'après sa lettre autographe à M. Lemaître, avocat à Laon, qui est jointe au volume.

Exemplaire de Philippe Burty imprimé sur **papier de Hollande** et auquel ce dernier a ajouté *trois lettres et une carte autographes* d'Henry Houssaye, relatives au volume et une lettre autographe de l'oncle d'Henry Houssaye recommandant à Philippe Burty le livre de son neveu.

1566. 1814. *Paris, Perrin et Cie*, 1888, in-8, broché.

Edition originale.

1567. Aspasie, Cléopâtre, Théodora. *Paris, Calmann Lévy*, 1890, in-12, cartonn. demi veau fauve, non rogné, couverture (*Lemardelay*).

Edition originale.

Un des 15 exemplaires imprimés sur **papier de Hollande**.

Sur le faux titre, *envoi autographe* de l'auteur à son ami Eugène Paillet.

1568. La Charge, tableau de bataille. Dessin d'Edouard Detaille. *Paris, Perrin et Cie*, 1894, in-16, cartonn., dos et coins de mar. rouge, non rogné, couverture (*Carayon*).

Edition originale.

Un des 50 exemplaires imprimés sur **papier de Hollande**.

1569. Napoléon le Grand, par Victor Hugo. *Paris, Henri Leclerc*, 1902, plaquette, pet. in-4, pap. de Holl., brochée.

Cette plaquette, mystification d'Henry Houssaye, n'a été tirée qu'à quelques exemplaires.

1570. La Garde meurt et ne se rend pas, histoire d'un mot historique. *Paris, Perrin et Cie*, 1907, in-12, broché.

Edition originale.

Un des 50 exemplaires imprimés sur **papier de Hollande**.

1571. Iéna et la campagne de 1806. Introduction par Louis Madelin. *Paris, Perrin et Cie*, 1912, in-8, portrait, broché.

Edition originale du livre complet.

Un des 40 exemplaires imprimés sur **papier de Hollande**; portrait en deux états.

1572. HOUVILLE (Gérard d') [Mme Henry de Régnier]. Esclave. *Paris, Calmann-Lévy, s. d.* (1905), in-12, broché.

Edition originale.
Un des **30** exemplaires imprimés sur **papier de Hollande.**

1573. HOUVILLE (Gérard d'). Le Temps d'aimer. *Paris, Calmann-Lévy, s. d.* (1908), in-12, broché.

Edition originale.
Un des **5** exemplaires imprimés sur **papier de Chine.**

1574. HOUVILLE (Gérard d'). Le Temps d'aimer. *Paris, Calmann-Lévy, s. d.* (1908), in-12, broché.

Edition originale.
Un des **45** exemplaires imprimés sur **papier de Hollande.**

1575. HOUVILLE (Gérard d'). Le Séducteur. *Paris, Fayard et Cie*, 1914, in-12, broché.

Edition originale.
Un des **60** exemplaires imprimés sur **papier de Hollande.**

1576. HUART (Louis). Paris au bal, 50 vignettes par Cham (de N...). *Paris, Aubert et Cie, s. d.* (1845), pet. in-8, broché.

Premier tirage des illustrations.

1577. HUGO (Charles). La Bohême dorée. *Paris, Michel Lévy frères*, 1859, 2 vol. in-12, brochés.

Edition originale.

1578. HUGO (Georges-Victor). Mon Grand-père. *Paris, Calmann-Lévy*, 1902, in-16, broché.

Edition originale.
Un des **15** exemplaires imprimés sur **papier de Hollande.**

HUGO (Victor).

1579. Ode sur la mort de Son Altesse Charles Ferdinand d'Artois, duc de Berri, fils de France, par V.-M. Hugo. *Paris, Anthe Boucher*, 1820, in-8 de 8 pag., broché.

Edition originale ; la couverture est muette, c'est la seule qui existe.

1580. Ode sur le baptême de Son Altesse royale Henri-Charles-Ferdinand-Marie-Dieudonné d'Artois, duc de Bordeaux, par Victor-Marie-Hugo, de l'Académie des Jeux floraux. *Paris, Pélicier,* 1821, in-8 de 8 pag., broché.

Edition originale ; couverture non imprimée, il n'en existe pas d'autre.

1581. Lettre, signée, de la maréchale d'Oudinot à M. de Lauriston, ministre de la Maison du Roi. *Paris,* 30 avril 1821, 1 pag. in-4.

Pièce curieuse. La maréchale signale tout particulièrement parmi les littérateurs qui se sont fait remarquer lors de l'événement du 29 septembre (naissance du comte de Chambord) M. Victor Hugo qui « a su se faire distinguer de Mme la duchesse de Berry par des vers charmants ; cette inspiration du cœur rendue avec un talent remarquable a excité tout l'intérêt de la Princesse ». Elle demande une pension pour lui.

1582. Lettre autographe, signée, de Lamennais à Victor Hugo, 21 avril 1822, 2 pag. 1/3 in-8.

Belle et touchante lettre. Il prend part à la douleur que lui cause l'état du frère de Victor Hugo. Il a lu les deux nouvelles odes de ce dernier (Ode sur la mort du duc de Berry et Ode sur le baptême du duc de Bordeaux) dont il est très content, il y a des choses magnifiques. Il lui demande une correction dans un seul vers de la seconde ode :

Qu'il s'épure à ces eaux où s'épura Dieu même.

Vers qui fut changé dans l'édition des *Odes* de 1822.

1583. Odes et poésies diverses, par Victor-M. Hugo. *Paris, Pélicier,* 1822, in-18, mar. rouge, encad. de 6 fil. gras, 6 fil. int., tr. dor. sur témoins (*Chambolle-Duru*).

Edition originale.

Sur le faux titre :

Au bon et cher ami Jules
Lefebvre
V-M. H.

1584. Odes, par Victor-M. Hugo. *Paris, Persan,* 1823, in-18, dos et coins de mar. brun, filet, dos orné, non rogné (*Couvert.*).

Seconde édition augmentée de deux odes nouvelles : *Louis XVII* et *Jehovah.* Les trois *Poésies diverses* qui terminent le volume précédent ne se trouvent pas dans cette édition.

Bel exemplaire de la bibliothèque Daguin.

1585. Nouvelles odes, par Victor-M. Hugo. *Paris, Ladvocat,* 1824, in-18, frontisp., dos et coins de mar. brun, filet, dos orné, non rogné (*Couvert.*).

ÉDITION ORIGINALE.

Exemplaire contenant le **dessin original** du frontispice par *Deveria* et deux épreuves de ce frontispice, dont une AVANT la lettre sur Chine.

1586. Lettre autographe, signée, de Victor Hugo à Charles Nodier, 8 mars 1828, 2 pag. in-8.

Belle lettre signée *Victor* relative à des articles de Charles Nodier sur les *Nouvelles Odes*. Hugo remercie chaleureusement Nodier qu'il demande à traiter en ami : « Est-ce que l'aigle consentirait à juger le moineau franc ! »

1587. Quentin Durward, ou l'écossais à la cour de Louis XI, par sir Walter Scott, in-8, cartonn. papier, non rogné.

Critique littéraire par Victor Hugo, de l'édition Gosselin, 4 vol. in-12.

Extrait de *la Muse française*, livraison de juillet 1823.

1588. Choix moral de lettres de Voltaire, précédé d'une notice sur la vie et les ouvrages de cet écrivain célèbre et orné de son portrait. *Paris, Bouland et Cie*, 1824, 4 vol. in-18, veau fauve, dent. à froid, tr. marb. (*Brigandat*).

La *Notice*, non signée, est de Victor Hugo.

Exemplaire imprimé sur **grand papier fin.**

1589. Choix moral de lettres de Voltaire. *Paris, Boulland et Cie*, 1824, in-18, demi-rel. chag. noir, non rogné (*Couvert.*).

On a réuni dans ce volume les faux titres, titres, portrait, préface et notice de l'ouvrage précédent.

La *Notice*, à la fin, porte imprimé le nom de *Victor M. Hugo*.

1590. Odes et ballades, par Victor Hugo. *Paris, Ladvocat*, 1826, in-18, frontisp., dos et coins de mar. brun, filet, dos orné, non rogné (*Couvert.*).

ÉDITION ORIGINALE.

Exemplaire de la bibliothèque Daguin contenant le **dessin original** du frontispice par *Deveria* et deux épreuves de ce frontispice dont une AVANT la lettre sur Chine.

Sur le feuillet de garde :

A mon ami Alaux

V. H.

1591. Odes et ballades. *Paris, Renduel,* 1834, 2 vol. in-8, mar. rouge, fil., dos orné, tr. dor. sur témoins, couvertures (*Chambolle-Duru*).

Bel exemplaire.

Les couvertures et les titres portent : *Œuvres complètes de Victor Hugo. Poésie I* (et II).

1592. Han d'Islande. *Paris, Persan,* 1823, 4 vol. in-12, brochés.

Edition originale.

Les couvertures, en papier rouge, ne sont pas imprimées, les dos portent une petite étiquette contenant le titre de l'ouvrage.

1593. Le Sacre de Charles dix, ode par Victor Hugo. *Paris, Ladvocat, s. d.* (1825), in-8, de 4 ff. dont 1 blanc et 16 pag., broché (*Couvert. non imprimée*).

Edition originale.

Sur le feuillet blanc :

A notre Alfred, en témoignage de
bien tendre amitié
Victor.

1594. Bug-Jargal, par l'auteur de Han d'Islande. *Paris, Urbain Canel,* 1826, pet. in-12, frontisp. de Deveria, gravé par Adam, demi-rel. veau gris, non rogné (*Rel. de l'époque*).

Edition originale.

1595. A la Colonne de la place Vendôme, ode par Victor Hugo. *Paris, Ambroise Dupont et* Cie, 1827, in-8, de 16 pag. y compris le faux titre et le titre, broché.

Edition originale.

1596. Ode à la Colonne de la place Vendôme, de Victor Hugo, suivie de quelques pièces inédites. *Paris,* 1829, in-16, de 40 pag. y compris le faux titre et le titre, broché.

Edition en partie originale.

1597. Cromwell, drame par Victor Hugo. *Paris, Ambroise Dupont et* Cie, 1828, in-8, mar. bleu, jans., tête dor., non rogné, couverture (*Marius Michel*).

Edition originale.

Bel exemplaire relié sur brochure; on y a ajouté un portrait du père de Victor Hugo auquel la pièce est dédiée et 5 figures de *Marckl, Tony Johannot* et *Rogier* en épreuves avant la lettre.

De la bibliothèque Noilly.

1598. Lettre autographe, signée, de Madame Desbordes Valmore à Victor Hugo, Lyon, 19 mai 1829, 1 pag. 1/2 in-4.

Belle lettre relative à *Cromwell* que le directeur du Théâtre de Lyon voudrait faire représenter « avec tout le soin du monde dans les décors et les costumes exacts ».

1599. Les Orientales, par Victor Hugo *Paris. Charles Gosselin et Hector Bossange*, 1829, in-8, frontisp. gravé par Cousin, sur Chine, dos et coins de mar. rouge, fil., dos orné, tête dor., ébarbé (*Thierry*).

Edition originale.

Sur le feuillet de garde :

A Madame Delphine de Girardin
Hommage respectueux
V. H.

1600. Lettre autographe de Victor Hugo à son ami le peintre Louis Boulanger, 11 octobre 1828, 3 pag. in-8.

Belle lettre, très affectueuse, signée *Victor*.

A la fin il annonce à Boulanger l'envoi du *Pacha* (« La douleur du Pacha », des *Orientales*) « que je n'ai pas eu le courage de copier... je ne sais pas trop si vous pourrez le lire griffonné comme il est. Mais vous savez si bien me deviner ! »

Louis Boulanger dessina le frontispice et la vignette du titre de l'édition originale des *Orientales*.

1601. Le dernier jour d'un condamné, 18... Cinquième édition. *Paris, Eugène Renduel*, 1832, in-8, fac-simile, demi-rel. mar. rouge, tête dor., non rogné.

Sur le faux titre, l'envoi suivant :

Sous vos pieds et sous vos ailes..
V. H.

Première édition in-8 dans laquelle on a réimprimé la préface « Une comédie à propos d'une tragédie » qui a paru dans la troisième et la quatrième édition. Cette réimpression est précédée d'une préface, en 36 pages, sur la peine de mort.

1602. Lettre autographe, signée, de Victor Hugo à M. de Folleville, directeur de l'*Album national*, 6 avril 1829, 2 pag. 1/2 in-8.

Belle lettre relative à sa collaboration à l'*Album national*. Il demande à M. de Folleville un article sur *Le dernier jour d'un condamné* dont il lui annonce la quatrième édition.

1603. Billet autographe, signé, d'Alfred de Musset à Victor Hugo.

Curieux billet dans lequel Musset regrette de ne pouvoir répondre à ce savoyard de Janin. Très probablement relatif à l'article de Jules Janin sur le *Dernier jour d'un condamné* paru, en 1829, dans la *Quotidienne*, et assez vertement gouailleur contre le livre et l'auteur. Voir Biré, *Victor Hugo, avant 1830* (page 475).

1604. Le Lendemain du dernier jour d'un condamné. *Paris, Th. Baltimore*, 1829, in-12, dos et coins de mar. brun, filet, dos orné, non rogné (*Couvert.*).

Exemplaire relié sur brochure.

1605. L'Aumône, par Victor Hugo. *Rouen, imprimé chez Nicetas Périaux, février 1830*, in-8 de 16 pag. dont 1 f. blanc, broché.

Edition originale.

Pièce vendue au profit des pauvres de la commune de Canteleu. La couverture qui porte l'adresse : *A Rouen, chez Edouard Frère*, est imprimée sur papier bleu.

1606. L'Aumône, même édition in-8, broché.

La couverture est imprimée sur papier vert clair.

1607. Appel à la charité, in-8 de 3 pag., cartonn. demi-toile rouge.

Réimpression de *l'Aumône*, faite à Rennes par l'imprimerie A. Marteville. Elle ne contient pas l'*Introduction* relative aux pauvres de Canteleu, en huit lignes, de l'édition originale. Publiée sans titre et couverture, elle se vendait 15 centimes au profit des pauvres.

Cette plaquette renferme quatre exemplaires de la pièce imprimés sur papiers de couleur différente : rouge, vert, jaune et bleu.

1608. Hernani ou l'honneur castillan, drame, par Victor Hugo, représenté sur le Théâtre-français, le 25 février 1830. *Paris, Mame et Delaunay-Vallée*, 1830, in-8, de 6 ff. prélim. y compris le faux titre et le titre et 154 pag., broché.

Edition originale.

Bel exemplaire.

1609. Hernani ou l'honneur castillan, drame, par Victor Hugo. *Paris, Barba*, 1830, in-8, de 6 ff. prélim. et 154 pag., mar. rouge, fil., dos orné, tr. dor. (*Amand*).

Troisième édition ; frontispice ajouté.

1610. Parodies d'*Hernani* et écrits relatifs à cette pièce. Réunion de 7 plaq. in-8 dont 2 cartonn. et 5 brochées.

Brazier et Carmouche. Oh! qu'nenni, ou le mirliton fatal, parodie d'Hernani en cinq tableaux. *Paris, Riga*, 1830. — CARMOUCHE, de COURCY et DUPEUTY, N, I, ni, ou le danger des Castilles, amphigouri-romantique en cinq actes et en vers sublimes. *Paris, Bezou*, 1830. — LAUZANNE (Auguste de). Harnali ou la contrainte par cor, parodie en cinq tableaux. *Paris, Bezou*, 1830. — Fanfan le troubadour à la représentation de Hernani, pot-pourri en cinq actes. *Paris, Lavavasseur*, 1830. — Etc.

1611. 3 lettres relatives à *Hernani*.

1° Lettre autographe, signée, de Béranger à Victor Hugo, 15 mars 1830, 4 pag. in-8.

Il a éprouvé la plus vive satisfaction à la lecture d'*Hernani*. Il voit dans cette pièce l'essai des forces d'un génie jeune, vigoureux, original. Il fait certaines critiques. Belle et intéressante lettre.

2° Lettre autographe, signée, de Joanny (qui créa le rôle de don Ruy Gomez de Silva dans *Hernani*) à Victor Hugo, 6 juin 1830, 1 pag. in-8.

Relative à une dernière représentation d'*Hernani* à donner avant le départ de Mlle Mars.

3° Lettre autographe, signée, de Victor Hugo au proviseur du collège Bourbon, 1850, 1 pag. in-4, cachet.

Relative à une représentation d'*Hernani* à la Comédie française demandée par les élèves de ce collège.

1612. Lettre autographe, signée, de Prosper Mérimée à Victor Hugo, 1 page in-4.

Belle et curieuse lettre. Mérimée demande à Victor Hugo des stalles pour la première représentation d'*Hernani* où il désire assister avec diverses personnes dont Stendhal. Hugo peut « compter sur tout ce monde-là comme sur moi-même ».

1613. Lettre autographe, signée, de Victor Hugo à M. Mario Proth. Chaudfontaine, 30 août 1867, 2 pag. in-8 et enveloppe.

Belle lettre à propos d'un article de Proth sur *Hernani*, paru dans l'*Europe*. Après avoir félicité son correspondant sur son talent et son esprit, il fait une allusion au retour de la liberté en France : « Ma joie dans mon isolement sur mon rocher est de songer que j'ai un peu ouvert la voie et pavé la route aux puissants marcheurs tels que vous. Courage ! allez en avant, nous avons devant nous l'Art, la Liberté, la Révolution, c'est-à-dire Chanaan ! »

1614. Parodies de Marion de Lorme, Lucrèce Borgia, Marie Tudor. Angelo, Ruy Blas, les Burgraves. Réunion de 11 plaquettes dont 1 cartonn. et 10 brochées.

DUPEUTY et DUVERT. Marionnette, parodie. *Paris, Barba*, 1831. — DUMARSAN, BRUNSWICK et CÉRAN. Gothon du passage Delorme, imitation en cinq endroits et en vers de Marion Delorme. *Ibid*,, *id.*, 1831. — DUPIN et JULES. Tigresse, mort-aux-rats. *Ibid.*, *id.*, 1833. — Marie

Tudor, racontée par Mme Pochet à ses voisines. *Paris, s. d.* — Angelo, tyran de Padoue, drame en quatre actes, en prose, raconté, par Dumanet. *Paris, Laisné,* 1835. — Redon (Émile). Ruy-Brac. *Paris, Barba,* 1839. — Dumanoir, Siraudin et Clairville. Les Hures-Graves, parodie en trois actes. *Paris, Tresse,* 1843. — Les Barbus-Graves, parodie. *Paris,* 1843.

1615. 3 lettres autographes relatives à *Lucrèce Borgia.*

1° Lettre autographe, signée, de Victor Hugo à Harel, directeur du théâtre de la Porte Saint-Martin, 28 avril, 1 page in-8.

Il se plaint vivement que *Lucrèce Borgia* ne soit pas représentée en même temps que le nouveau tableau de l'*Auberge des Adrets.*

2° Lettre autographe, signée, du compositeur Pacini à Victor Hugo, 3 fév. 1833, 2 pag. in-8.

Relative aux parties d'orchestre de *Lucrèce Borgia* de Pacini et à la gravure de la musique.

3° Lettre autographe de Véron, directeur de l'Académie royale de musique, 4 fév. 1833, 1 page 1/2 in-8.

Lettre de félicitations sur la représentation de *Lucrèce Borgia.*

1616. 5 reçus autographes, signés, de Victor Hugo à Renduel. 1831-1838.

Reçus pour remises d'exemplaires d'*Angelo, Marie Tudor, Marion de Lorme* et de *Lucrèce Borgia.*

On y a joint une lettre autographe de Victor Hugo à Renduel. Il demande à ce dernier d'envoyer un exemplaire de *Marion de Lorme* à Charles Maurice, au *Courrier du théâtre.*

1617. Notre-Dame de Paris. *Paris, Gosselin,* 1832, 4 vol. in-12, cartonn. toile rouge, non rognés (*Couvert.*).

Les faux titres portent : *Œuvres complètes de Victor Hugo. Septième édition.*

Exemplaire de Ph. Burty.

1618. Notre-Dame de Paris, huitième édition. *Paris, Renduel,* 1832, 3 vol. in-8, brochés.

Première édition complète, contenant trois chapitres que ne renferment pas les éditions précédentes.

1619. Notre-Dame de Paris. *Paris, Renduel,* 1836, in-8, mar. La Vall., plats ornés de fers à la Cathédrale, dorés, dos orné, non rogné, étui (*Raparlier*).

Première édition illustrée ; elle est ornée d'un frontispice et de 11 planches gravées sur acier d'après *Rouargue, Boulanger, Raffet, Tony* et *Alfred Johannot,* et *Camille Rogier.*

Les figures sont tirées sur papier de Chine, 4 sont avant la lettre.

1620. Notre-Dame de Paris. *Paris, Renduel,* 1836, 3 vol. in-8, dem.-rel. veau violet, tr. marb. (*Rel. de l'époque*).

Exemplaire de Mlle Mars, avec son chiffre doré à l'intérieur des volumes. Frontispice et 11 figures, les mêmes que celles de l'édition précédente.

1621. Notre-Dame de Paris. Édition illustrée d'après les dessins de MM. E. de Beaumont, L. Boulanger, Daubigny, T. Johannot, de Lemud, Meissonier, C. Roqueplan, de Rudder, Steinheil, gravés par les artistes les plus distingués. *Paris, Perrotin, Garnier frères,* 1844, gr. in-8, mar. brun jans., doublé de mar. rouge, fil., dent. de feuilles de lierre mosaïquées, tr. dor. sur témoins, étui (*Marius Michel*).

Bel exemplaire de PREMIER TIRAGE, avec la couverture illustrée.

Il renferme le frontispice en deux états : sur Chine et sur blanc. — Le titre, avec le filet anglais et avec Notre-Dame.

On y a ajouté une couverture de livraison.

1622. La Esmeralda, opéra en quatre actes, musique de Mademoiselle Louise Bertin, paroles de M. Victor Hugo, décors de MM. Philastre et Cambon. Représenté pour la première fois sur le Théâtre de l'Académie royale de musique, le 14 novembre 1836. *Paris, Schlesinger,* 1836, in-8 à 2 col., vélin blanc (*Couvert.*).

ÉDITION ORIGINALE de ce livret tiré du roman *Notre-Dame de Paris.*

1623. Notre-Dame de Paris, drame en trois actes et en sept tableaux tiré du roman de M. Victor Hugo par Dubois, artiste du Théâtre de Versailles, représenté, pour la première fois à Paris, sur le Théâtre du Temple, le 1er juin 1832. *Paris et Versailles,* 1838, gr. in-8 à 2 col., dos et coins de mar. rouge, non rogné, couverture (*Champs*).

ÉDITION ORIGINALE.

Sur le titre, envoi de l'auteur *à sa bonne camarade Mlle Martin.*

1624. Lettre autographe, signée, de Victor Hugo à Guyot, 5 mars 1850, 1 pag. in-8.

Il demande la moitié des droits d'auteur sur les représentations du drame *Notre-Dame de Paris* de Paul Foucher et Goubeaux.

1625. Les Feuilles d'Automne, par Victor Hugo. *Paris, Eugène Renduel,* 1832, in-8 de 10 ff. prélim. y compris le faux titre, le titre et un second titre contenant une vignette de T. Johannot, gravée sur bois par Porret, 387 pag. et 2 ff. non chiff. pour la table, mar. brun, filets, dos orné, tr. dor. sur témoins, couverture (*Carayon*).

Edition originale.

1626. Les Feuilles d'automne, par Victor Hugo. *Paris, Eugène Renduel,* 1832, in-8, demi-rel. basane verte, non rogné (*Rel. de l'époque*).

Edition originale dont le titre porte les mots *Seconde édition* qui remplacent le petit filet du titre de l'édition originale.

Cette pseudo-seconde édition est très rare. M. Vicaire ne l'a pas vue ; elle est simplement citée au *Journal de la Librairie* de 1832 où le rédacteur ajoute : « Cette seconde édition m'est inconnue. »

1627. Le Roi s'amuse, drame, par Victor Hugo. *Paris, Eugène Renduel,* 1832, in-8, de 4 ff. prélim. pour une annonce des œuvres de Victor Hugo, le faux titre, le titre imprimé et un titre contenant une vignette de T. Johannot, gravée sur bois et tirée sur Chine, XXIII et 183 pag., broché.

Edition originale à laquelle on a ajouté 2 *billets autographes* de Victor Hugo demandant des exemplaires du *Roi s'amuse* à Renduel ; l'un des exemplaires est pour Frédérick Lemaître.

A la fin du volume : Catalogue, en 19 pages, des publications de Renduel. Ce catalogue est daté de septembre 1832.

Petites taches dans les marges de quatre feuillets de la préface.

1628. Le Roi s'amuse, drame, par Victor Hugo. *Paris, Eugène Renduel,* 1832, in-8, vign. de T. Johannot, demi-rel. toile brune, tr. jasp.

Edition originale.

Cet exemplaire renferme le *Discours prononcé par M. Victor Hugo, le 19 décembre 1832, dev. le Tribunal de commerce, pour contraindre le Théâtre-français à représenter, et le gouvernement à laisser représenter* le Roi s'amuse. Ce discours, paginé XXV-XXXIX, suit la préface.

La vignette de *T. Johannot* est tirée sur Chine volant.

1629. Marie Tudor. *Paris, Eugène Renduel,* 1833, in-8, cartonn., dos et coins de toile brune, non rogné, couverture (*Champs*).

Edition originale, ornée d'un frontispice de *Célestin Nanteuil* gravé à l'eau-forte.

1630. Lettre autographe, signée, de Victor Hugo à M. Harel, directeur du théâtre de la porte St Martin, 2 pag. in-8.

Belle et curieuse lettre sur un mot de *Marie Tudor* qu'il ne trouve pas assez *sublime*. Il le prie de consulter Mlle Georges à l'avis de laquelle il se rangera. Il ira très prochainement lui serrer la main et mettre toute son admiration aux pieds de sa grande artiste.

1631. Etude sur Mirabeau. *Paris, Adolphe Guyot, Urbain Canel,* 1834, in-8, mar. rouge, jans., tête dor., non rogné (*Joly*).

EDITION ORIGINALE.
Bel exemplaire ; portraits de Victor Hugo et de Mirabeau ajoutés.

1632. Claude Gueux, in-8, de 29 pag., demi-rel. mar. noir, non rogné.

EDITION PRÉ-ORIGINALE.
Extrait du tome VII de la *Revue de Paris*, année 1834 ; on y a ajouté, à la fin, la lettre de M. Carlier, pages 283-284, du tome VIII de la même revue.

1633. Littérature et philosophie mêlées. *Paris, Eugène Renduel,* 1834, 2 vol. in-8, dos et coins de mar. rouge, tête dor., non rogné (*Couvert.*).

EDITION ORIGINALE.
Bel exemplaire.

1634. Les Chants du Crépuscule. *Paris, Eugène Renduel,* 1835, in-8, dos et coins de mar. brun, fil., dos orné, non rogné (*Couvert.*).

EDITION ORIGINALE.
Bel exemplaire de la bibliothèque Daguin.

1635. Angelo, tyran de Padoue. *Paris, Eugène Renduel,* 1835, in-8, dos et coins de mar. brun, fil., dos orné, non rogné (*Couvert.*).

EDITION ORIGINALE.
Bel exemplaire de la bibliothèque Daguin.

1636. Lettre autographe, signée, de Victor Hugo (à Marie Dorval) et 3 lettres adressées à Victor Hugo : toutes les 4 relatives à *Angelo*.

1° Jolie lettre de Victor Hugo à Marie Dorval lui proposant le rôle de Catarina Bragadini qu'elle joua dans *Angelo*. Marie Dorval regrettait de n'avoir pas rempli le rôle de *Jane* dans *Marie Tudor*. « Heureusement, si vous le voulez, *Angelo* est là, c'est-à-dire la revanche pour vous, pour moi, pour tout le monde. »

2° 2 lettres de Marie Dorval, dont une écrite de la main gauche. Marie Dorval s'étant brûlé la main droite en éteignant un commencement d'incendie dans sa chambre à coucher.

3° Lettre de Mme de Girardin.

1637. Les Voix intérieures. *Paris, Eugène Renduel,* 1837, in-8, dos et coins de mar. vert foncé à longs grains, filet, dos orné, non rogné (*Couvert.*).

Edition originale.
Bel exemplaire.

1638. Ruy Blas. *Paris, H. Delloye,* 1838, in-8, dos et coins de mar. rouge, filet, dos orné, non rogné, couverture (*Champs*).

Edition originale.
Exemplaire de la bibliothèque du Bon de Claye.

1639. Ruy Blas. *Paris, H. Delloye et Leipzig, Brockhaus et Avenarius,* 1838, in-8, broché.

Edition originale; exemplaire dont le titre porte les noms et l'adresse de Brockhaus et Avenarius au-dessous du nom et de l'adresse de Delloye. La couverture est conforme à celle de ce dernier.

1640. Ruy Blas, drame en cinq actes, par Victor Hugo. *Leipzig, chez Brockhaus et Avenarius,* 1838, in-12, dos et coins de mar. brun, filet, dos orné, non rogné (*Couvert.*).

Edition in-12, la première de ce format ; elle a été imprimée en même temps que l'édition originale par Béthune et Plon.
Cette édition souleva en 1886-1887 une polémique cherchant à prouver qu'elle était l'originale des éditions in-8 et in-12 de 1838 Voir : Vicaire. *Manuel de l'amateur de livres du XIXe siècle.*
Exemplaire de la bibliothèque Daguin.

1641. Le Retour de l'Empereur, par Victor Hugo. *Paris, Delloye,* 1840, in-8, de 30 pag. y compris de faux titre et le titre, et 1 f. blanc, broché.

Edition originale.
Sur le faux titre :

A notre bon et
cher Emile.

Victor.

1642. Les Rayons et les Ombres. *Paris, Delloye,* 1840, in-8, dos et coins de mar. brun, filet, dos orné, non rogné (*Couvert.*).

Edition originale.
Bel exemplaire de la bibliothèque Daguin.

1643. Les Rayons et les Ombres. *Paris, Delloye*, 1840, in-8, dos et coins de mar. rouge, tête jasp., ébarbé.

ÉDITION ORIGINALE.
Sur le faux titre :

à Madame Delphine de Girardin
Vive et respectueuse admiration.
VICTOR H.

1644. Le Rhin, lettres à un ami par Victor Hugo. *Paris, Delloye*, 1842, 2 vol. in-8, brochés.

ÉDITION ORIGINALE.

1645. Les Burgraves, trilogie, par Victor Hugo. *Paris, E. Michaud*, 1843, in-8, broché.

ÉDITION ORIGINALE.
Signature de Mme G. Delessert. sur la couverture.

1646. La Voix de Guernesey, placard in-fol.

Curieuse épreuve d'imprimerie contenant *quelques corrections autographes* et au verso, qui n'est pas imprimé, l'envoi suivant :

A mon excellent ami
M. Eug. van Bemmel.
VICTOR HUGO.

1647. Chatiments, par Victor Hugo, 1853. *Bruxelles, Henri Samuel et Cie*, in-18, vélin blanc à recouv., non rogné.

ÉDITION ORIGINALE, très tronquée ; un grand nombre de vers y sont remplacés par des lignes de points.

1648, Chatiments. par Victor Hugo. 1853. *Genève et New-York (Imp. universelle, Saint-Hélier)*, in-32, chag. rouge, fil., tête dor., non rogné.

Première édition complète.

1649. Les Chatiments, seule édition complète. *Paris, Hetzel et Cie, s. d.* (1870), in-12, broché.

Première édition française, augmentée de pièces nouvelles.
Un des quelques exemplaires imprimés sur **papier de Hollande** ; il renferme le second titre indiqué par M. Vicaire et le faux titre porte la liste des ouvrages de Victor Hugo.

1650. Les Chatiments, même édition, in-12, demi-rel. toile bleue, ébarbé.

Exemplaire sur papier ordinaire portant sur le faux titre l'envoi suivant :

A mon vaillant
et éloquent confrère
Jules Janin.
VICTOR HUGO.

1651. Lettre autographe, signée, de Victor Hugo à son éditeur, 31 octobre (1852), 4 pag. in-16.

Lettre intéressante relative à une nouvelle édition de *Napoléon le petit*, aux *Chatiments* et aux *Œuvres oratoires* de V. Hugo.

On y a joint un extrait des *Chatiments* (16 pag. in-32 en un placard) contenant à la fin *un envoi autographe* de Victor Hugo à Jules Le Vallois, daté de juillet 1863.

1652. Les Contemplations. *Paris, Michel Lévy frères*, 1856, 2 vol. in 8, brochés.

EDITION ORIGINALE.

Signature du peintre J. Pils sur le titre du premier volume.

1653. Les Misérables. *Paris, Pagnerre*, 1862, 10 vol. in-8, cartonn. dos et coins de mar. grenat foncé à longs grains, non rognés (*Couvert.*).

EDITION ORIGINALE.

Un des quelques exemplaires imprimés sur **papier de Hollande**.

1654. Ecrits divers sur les *Misérables*, parodies, etc. Réunion de 9 plaquettes et vol. pet. in-4, in-8 et in-12, cartonn. toile grise, non rognés (*Couvert.*).

BARIC. Parodie des Misérables. *Paris, Arnauld de Vresse, s. d.*, 2 albums en 1 vol. — COURTAT. Etude sur les Misérables. *Paris*, 1862. — JOFFRIN (Charles). Le Cas de Jean Valjean au point de vue historique, légal et philosophique. *Paris, Dentu*, 1862. — MIRECOURT (Eugène de). Les vrais Misérables. *Paris, Humbert*, 1862, 2 vol. — PROTH (Mario). Le Mouvement à propos des Misérables. *Paris, Castel*, 1862. — TAPON-FOUGAS (F.). Les Antimisérables, petite galerie des misérables, poème héroï-comique. *Bruxelles*, 1862. — VÉMAR (A.). La Complainte des Misérables. *Paris*, 1863. — VOITURON (Paul). Etudes philosophiques et littéraires sur les Misérables. *Paris et Gand*, 1862.

Tous ces volumes portent l'ex-libris de Paul Arnauldet.

1655. Lettre autographe, signée, de Victor Hugo, 20 mars (1863), 1 pag. in-8.

Relative aux *Misérables*, pièce tirée de son roman par son fils Charles Hugo et Paul Meurice.

1656. Les Misérables, drame mis à la scène par Charles Hugo et Paul Meurice, d'après le roman de Victor Hugo. *Paris. Calmann Lévy*, 1900, in-8.

Exemplaire imprimé sur **papier de Hollande** ; sur le faux titre, envoi de Paul Meurice à Henry Bauer.

1657. Dessins de Victor Hugo, gravés par Paul Chenay, texte par Théophile Gautier. *Paris, Castel*, 1863, in-4, broché.

Note suivante sur le faux titre : *Un des trois exemplaires que j'ai remis à Victor Hugo avant la publication ; plusieurs des dessins ont été retouchés par lui.*

La succession me l'ayant restitué après sa mort.

PAUL CHENAY.

Lettre autographe de Paul Chenay, donnant des renseignements sur cet exemplaire, ajoutée.

1658. Les Chansons des rues et des bois. *Paris, Lacroix. Verboeckhoven et Cie*, 1866, in-8, mar. rouge, jans., tête dor., non rogné, couverture (*Marius Michel*).

ÉDITION ORIGINALE ; portrait de Victor Hugo, gravé par *Martinez*, ajouté.

1659. Lettre de Victor Hugo à Zuarez, président de la République mexicaine. *Bruxelles, chez tous les libraires*, 1867, in-12, de 12 pag., mar. rouge, tête dor., non rogné, couverture (*Marius Michel*).

ÉDITION ORIGINALE, imprimée sur papier vergé.

Exemplaire de la bibliothèque Noilly auquel on a ajouté 6 curieuses photographies relatives à l'empereur Maximilien et à l'impératrice Charlotte.

1660. L'Homme qui rit. *Paris, Lacroix, Verboeckhoven et Cie*, 1869, 4 vol. in-8, brochés.

ÉDITION ORIGINALE ; la couverture du premier volume porte : *Quatrième édition.*

Sur le faux titre, l'envoi suivant, très probablement à Kesler :

A mon vaillant compagnon de
tous les combats et de toutes les
épreuves, au proscrit et à l'écrivain
son confrère
VICTOR HUGO.
H. H. 1869.

1661. 2 lettres autographes, signées, de Victor Hugo à Jules Le Vallois. 4 et 16 juin 1869. Ens. 2 pag. in-4.

Belles lettres relatives à l'*Homme qui rit* sur lequel Jules Le Vallois avait publié une notice dans l'*Opinion nationale.*

1662. Actes et paroles, 1870-1871-1872. *Paris, Michel Lévy frères,* 1872, in-12, dos et coins de mar. rouge, tête dor., non rogné (*Couvert*).

Edition originale.

Sur le faux titre, *envoi autographe* de Victor Hugo à M. Alfred Bougeart.

1663. Torquemada, drame. *Paris, Calmann Lévy,* 1882, in-8, dos et coins de mar. brun, filet, dos orné, non rogné (*Couvert.*).

Edition originale.

Un des 10 exemplaires imprimés sur **papier de Chine** ; il provient de la bibliothèque Daguin.

1664. Ose-Trop-Goth. Toquemalade, parodie méli-mélo-drame-à-tics médicinaux (par Lucien Hoche). *Paris, s. d.* (*Typog. Chamerot,* 1882), in-8, vignettes de Draner, broché.

Parodie imprimée à 70 exemplaires ; celui-ci est un des **10** sur **papier du Japon**, contenant le tirage à part des vignettes.

1665. Œuvres inédites de Victor Hugo. Drame. Amy Robsart. — Les Jumeaux. *Paris, Hetzel, Maison Quantin,* 1889, in-8, demi-rel. mar. brun à longs grains, dos orné, tête dor., non rogné, couverture (*Pouillet*).

Edition originale.

Un des **10** exemplaires imprimés sur **papier de Chine.**

1666. Correspondance, 1815-1882. *Paris, Calmann Lévy,* 1896-1898, 2 vol. in-8, brochés.

Edition originale.

Exemplaire de don imprimé sur **papier du Japon.**

1667. Lettres à la fiancée, 1820-1822. *Paris, Eugène Fasquelle,* 1901, in-8, 2 portraits, broché.

Papier de Hollande ; on y a ajouté une épreuve avant toute lettre des deux portraits.

1668. Autobiographie de Victor Hugo par lui-même, signée de ses initiales et datée du 26 mai 1828, 2 pag. 1/2 in-4 et adresse.

Curieuse pièce adressée par la poste à l'*Oracle européen*. Victor Hugo, après quelques détails biographiques sur son père et lui, donne la liste complète de ce qu'il a écrit jusqu'à *Cromwell*.

1669. Lettre autographe, signée, de Victor Hugo à David d'Angers, 21 7bre 1837, 2 pag. 1/3 in-8.

Belle lettre à la fin de laquelle il félicite David d'Angers sur son fronton du Panthéon : « Je vous envie d'écrire des poèmes immortels avec une matière éternelle. »

1670. 9 lettres autographes, signées, de Victor Hugo à Vedel, directeur de la Comédie française. Ens. 14 pag. in-8 et in-4.

Correspondance relative au différent entre Hugo et la Comédie française, en 1837-1838.

1671. *Au poète qui m'envoie une plume d'aigle,* poésie autographe de Victor Hugo, signée et datée du 11 décembre 1841, 1 pag. in-8.

Précieux original de cette poésie adressée à Roger de Beauvoir sous forme de lettre. Avec adresse et timbre de la poste.

1672. Lettre autographe (signée V. H.), de Victor Hugo à Edouard Plouvier. 8 octobre 1853, 4 pag. in-8.

Très belle lettre. Victor Hugo remercie Edouard Plouvier de l'envoi de son volume *Contes pour les jours de pluie*. Lettre pleine d'intérêt et de charme renfermant toute une série de phrases délicieuses sur le titre du livre en question. Il félicite, en particulier, l'auteur sur une pièce *Le Sphinx*, qui lui est dédiée, il établit des rapprochements entre le héros de cette pièce (un exilé volontaire) et lui-même. Il cite à ce propos Napoléon, parle de son exil, de ses rêveries au bord de la mer, de son exil, de son espoir en l'avenir, etc.

1673. Lettre autographe, signée, de Victor Hugo à Léon Gozlan. Hauteville-house, 5 avril 1857, 2 pag. in-8.

Il félicite Gozlan de son ravissant petit livre sur Balzac (*Balzac en pantoufles*, paru en 1856) et le remercie de prononcer son nom toutes les fois qu'il en trouve l'occasion.

1674. Lettre autographe, signée, de Victor Hugo à Jules Simon. Hauteville-house, 25 juin 1859, 3 pag. in-8.

Il félicite Jules Simon sur son beau livre *La Liberté* et entre à ce sujet dans les détails les plus intéressants.
Belle lettre.

1675. Lettre autographe, signée, de Victor Hugo au rédacteur en chef de l'*Indépendance belge*, 21 janvier 1862, 1 pag. in-4.

Belle lettre publiée dans l'*Indépendance belge* réfutant des vers publiés dans ce journal, sous sa signature, vers demandant la grâce de neuf condamnés à mort. Il les trouve fort beaux. « Quel que soit l'auteur, je le remercie. Quand il s'agit de sauver des êtres, je trouve bon qu'on use de mon nom, et même qu'on en abuse. » Les deux tiers de cette lettre sont une vive attaque contre la peine de mort au point de vue politique. Cette lettre a été découpée pour l'impression en huit parties et a été recollée avec soin.

1676. Lettre autographe, signée, de Victor Hugo à Paul Foucher. Hauteville-house, 17 février 1868, 2 pag. in-8.

Charmante lettre. Il félicite Paul Foucher sur son livre *Entre cour et jardin*. « Ton livre, cher Paul, est bon et charmant. Nous sommes séparés en littérature comme en politique, et c'est un de mes regrets profonds... »

1677. Lettre autographe, signée, de Victor Hugo. Hauteville-house, 17 mai 1868, 1 pag. in-8.

Curieuse et plaisante lettre sur son chien *Sénat*. Il a fait graver sur son collier deux vers qu'il transcrit dans cette lettre.

1678. Lettre autographe de Victor Hugo, signée de ses initiales, Bruxelles 13 septembre (1868), 1 pag. in-8.

Lettre touchante sur la mort de Mme Victor Hugo.

On y a joint une jolie lettre autographe d'Antoni Deschamps, sans doute adressée à Paul Foucher et également relative à la mort de Mme Victor Hugo.

1679. Lettre autographe (signée V. H.), de Victor Hugo à Louis Ulbach. Hauteville-house, 8 février (1870), 2 pag. in-4.

Jolie lettre dans laquelle il remercie Louis Ulbach de son article sur *Lucrèce Borgia*, paru dans la *Cloche*. « Je suis de votre avis, je rêverais une alliance de *la Cloche* et de *la Marseillaise* avec *le Rappel*... mais les lettres sont peu sûres. Vandal est un sous Piétri. Il faudrait causer... »

1680. Lettre autographe, signée, à un poète. Hauteville-house, 21 Avril. 2 pag. in-4.

Très belle lettre. Il félicite le poète de son ouvrage. Les églogues, la poésie sauvage l'ont ravi, mais il a été profondément touché par une forte et savante peinture de l'exil. Il a pleuré comme une bête qu'il se vante d'être.

1681. Lettre autographe, signée Victor H, à Pierre Veron. Hauteville-house 18 Janvier, 3 pag. in-8.

Jolie lettre.

Il exprime le vif désir d'être à Paris, au milieu de ses amis, de ses enfants et de ses petits-enfants, car il est grand-père vrai, « c'est-à-dire abruti et imbécile d'adoration pour ces chers petits êtres qui commencent quand nous finissons. » *Marion* a besoin de ses soins, mais Victor Hugo veut absolument terminer une œuvre qu'il a commencée. « Je ne puis achever cette chose que dans la grande concentration du travail sans distraction et sans relâche. » Il le prie de le remplacer à la représentation de *Marion* et de mettre aux pieds de Mme Favart ses hommages passionnés.

1682. Lettre autographe (signée V. H.) de Victor Hugo, au marquis de Custine, 7 pag. in-8.

Très belle lettre. Il félicite le marquis de Custine d'être à Naples. « Vous avez la tombe de Virgile, nous avons celle de Delille. » Cette lettre renferme une vive satire du gouvernement.

1683. Lettre autographe, signée, de Victor Hugo à Edmond About, Guernesey, 23 Décembre, 1 pag. 1/2 in-8.

Jolie lettre. Il a reçu ses beaux et charmants volumes *Tolla* et la *Grèce*. « Vous avez le talent, vous avez le succès, vous êtes jeune... courage donc, vous entrez noblement et de plain pied dans l'avenir, je vous applaudis et vous remercie. »

1684. A Victor Hugo, bouts rimés autographes de Méry, 1 pag. in-4.

Curieuse pièce dont le mot, à la fin de chaque vers, est autographe de Victor Hugo.

On y a joint :

1° Une lettre autographe de Victor Hugo à Méry, 3 pag. in-8. — A propos du désir d'Émile Deschamps de connaître Méry après avoir entendu de ses vers récités par Victor Hugo.

2° Lettre autographe, signée, de Méry à Victor Hugo, 1 pag. in-8. — Méry l'invite à déjeuner avec Joly qui voudrait lui soumettre un projet.

1685. Lettre autographe, signée, de Lamartine à Victor Hugo, Mars 1829, 4 pag. in-8.

Il a bien reçu les trois derniers volumes que V. Hugo lui a envoyés. Il le remercie de ses consolations politiques, il en a besoin. Il compte le voir au mois de juillet auprès de Dijon avec toute la famille.

1686. Lettre autographe, signée, d'Alfred de Vigny à Victor Hugo (21 oct. 1829), 2 pag. in-8.

Belle lettre relative à la répétition du *More de Venise*.

1687. Réunion de 23 lettres adressées à Victor Hugo.

BARANTE (Bon de), 12 juin 1838, 1 pag. 1/3 in-4.

A propos de la grâce de condamnés politiques.

BEAUVOIR (Roger de), 1 pag. in-8.

Relative à une demande de vers à Victor Hugo sur deux albums du comte Kosinlski.

CUSTINE (marquis A. de), 1 pag. in-8.

A propos d'un livre envoyé par Victor Hugo et de son projet d'alliance de la France avec le centre de l'Europe.

DAVID, d'Angers, 1 pag. in-8.

Lettre de remerciements pour un gracieux cadeau de Victor Hugo.

DESNOYERS (Louis), 1 pag. in-8.

Relative à une réunion de la Société des gens de lettres.

DUMAS (Alexandre), 1 pag. 1/2 in-8.

A propos de la croix donnée à Victor Hugo par le roi des Belges, en même temps qu'à Alexandre Dumas.

GIRARDIN (Mme Emile), 2 lettres.

Invitations à venir entendre une tragédie du marquis de Custine et parler un muet guéri par le magnétisme.

GOZLAN (Léon), 26 décembre 1830, 3 pag. in-4.

A propos de vers de Gozlan publiés par le *Figaro*. Explications à Victor Hugo qui avait été blessé de cette publication : « Ainsi ce n'est pas moi, qui comprends toutes vos gloires, qui avais pu vous engager à en acquérir d'autres. Mais, je le répète, dans la lutte dernière que je peignais, il fallait opposer à la puissance des baïonnettes, la puissance du génie : je vous ai nommé. »

LAMENNAIS (de), 2 lettres, 1823-1826.

Il ne peut accepter de voir son nom uni à celui de Victor Hugo et à celui de ses amis. — Il félicite Hugo d'un volume que ce dernier lui a envoyé. « Vos vers sont du petit nombre de ceux que je goûte et que j'admire..... nous avions assez d'élégantes niaiseries, il était temps de parler à l'âme et à l'imagination. »

LEMAÎTRE (Frédérick), 2 lettres.

Lettre datée de Marseille, 7 août 1833 (3 pag. in-4). Relative à un rôle promis par Victor Hugo à Frédérick Lemaître. Lettre très vive pour M. Harel, directeur de la Porte Saint-Martin.

Billet écrit à la hâte par F. Lemaître au sujet d'un article de journal qui lui est remis au moment de son entrée en scène.

LIGIER (Paul), artiste dramatique qui joua dans les *Burgraves*, 1 pag. in-4.

MONROSE, artiste dramatique, 1 pag. in-4.

A propos du différent de Victor Hugo avec la Comédie française.

NODIER (Charles), 2 pag. 1/2 in-4.

Très belle lettre. Réponse à une lettre de reproches de Victor à propos d'un article de Nodier paru dans la *Quotidienne*. « Ecrivez-moi surtout une nouvelle lettre à la place de celle-là. Vous devez mieux me souhaiter ma fête. »

PLANCHE (Gustave), 4 décembre 1832, 1 pag. in-4.

Réponse à une lettre amicale de Victor Hugo, qui reprochait à Gustave Planche de ne pas venir le voir. Ce dernier termine sa lettre en expliquant son article sur la dernière pièce de Victor Hugo (*le Roi s'amuse*) dont il a parlé franchement sans amitié, sans partialité.

SAINTE-BEUVE, 3 lettres.

Demande de loge pour Mme Récamier. — A propos d'un petit mot de Sainte-Beuve sur V. Hugo dans le *National*. — Demande à Victor Hugo, si par son intermédiaire il ne pourrait pas avoir une place à la première représentation de la pièce de M. de Custines : *Beatrix Cenci*.

SOUMET (Alexandre).

Il demande à Hugo d'autoriser la comtesse Orloff à mettre son nom à l'une des fables qu'elle fait traduire en français.

VOLNYS (Léontine), artiste dramatique, 10 février 1833, 2 pag. in-8.

Elle demande, au nom de ses camarades à Hugo d'assister à un bal d'artistes qui sera donné au Gymnase.

VITET (Louis), 1 pag. in-8.

Il demande à Hugo s'il a pensé à lui pour lui permettre d'assister à la représentation de l'une de ses pièces.

1688. Volumes offerts par Victor Hugo à Arsène Garnier, photographe à Guernesey. 4 vol. gr. in-8 à 2 col., illust. de Brion, Gavarni, Riou, Chifflart, rel. en veau bleu, fil., tr. rouges, portant sur les plats en lettres dorées : *Victor Hugo à Arsène L. Garnier.*

1° Notre-Dame de Paris, Bug Jargal, Han d'Islande, Dernier jour d'un condamné. *Paris, Hetzel*, 1865-1866, 4 ouv. en 1 vol.

Sur le faux titre de *Notre-Dame de Paris* :

Cordial envoi
à M. Arsène Garnier.
VICTOR HUGO.

2° Les Travailleurs de la Mer. *Paris, Hetzel et Lacroix*, 1869.

Sur le faux titre :

à M. Arsène Garnier
remerciement cordial.
VICTOR HUGO.

3° Les Misérables. *Paris, Hetzel et Lacroix*, 1866.

Sur le faux titre :

à mon très aimable
photographe M. A. Garnier.
VICTOR HUGO.

4° Théâtre de Victor Hugo. *Paris, Hetzel, s. d.*

Sur le faux titre :

à l'exellent et aimable
artiste M. A. Garnier.
VICTOR HUGO.

1689. Volumes offerts par Victor Hugo à Arsène Garnier, photographe à Guernesey, 4 vol. in-8, veau bleu, fil., tr. rouges.

1° La Légende des siècles. *Bruxelles, Edition Hetzel*, 1859, 2 tom. en 1 vol.

Sur le faux titre du premier volume : *à M. Garnier, de la part de l'auteur*

2° Les Contemplations. *Paris, Houssiaux*, 1860, 2 tom. en 1 vol.
Sur une feuille de papier à lettre reliée dans l'ouvrage.

J'envoie à l'habile et ingénieux
collaborateur du Soleil mon plus
cordial Shake-hand.

Victor Hugo.

H.H. 5 avril.
M. Arsène Garnier.

3° Willian Shakespeare. *Paris, Lacroix Verboeckhoven et Cie*, 1864.
Sur le faux titre :

A mon excellent et cher photographe M. Arsène Garnier.
Victor Hugo.
Hauteville house, 1er Mai 1868.

4° Les Travailleurs de la mer. *Ibid., id.*, 1866, 3 tom. en 1 vol.
Sur le faux titre :

A M. A. Garnier.
Victor Hugo.
H. H. mars 1866.

On y a joint Actes et Paroles. *Paris, Michel Lévy*, 1872, in-12, dos et coins veau bleu, tr. rouges.

Sur le faux titre :

A M. Arsène Garnier
cordial souvenir.
V. H.

Editions originales sauf pour *Les Contemplations*.

1690. Volumes offerts par Victor à son ami d'exil Hennett de Kesler, 7 vol. in-8, dos et coins de veau fauve, tr. jasp.

1° Les Misérables, tome premier. *Bruxelles, Lacroix, Verboeckhoven et Cie*, 1862.

Sur le faux titre, envoi autographe suivant :

A mon vaillant compagnon
d'épreuve Kesler.
Victor H.

2° William Shakespeare. *Paris, Lacroix, Verboeckhoven et Cie*, 1864.
Exemplaire imprimé sur papier vélin. Sur le faux titre :

Au généreux proscrit Kesler.
Victor Hugo.

3° Les Contemplations. Tome I. Deuxième édition. *Paris, Michel Lévy frères*, 1856.

Sur le faux titre :

A mon courageux et cher compagnon
d'exil Kesler.

VICTOR HUGO.

Guernesey, 31 mai 1856.

4° Les Chansons des rues et des bois. *Paris, Lacroix, Verboeckhoven et Cie*, 1865.

Sur le faux titre :

Au poète mon voisin
Au proscrit mon frère.

VICTOR HUGO.

5° Les Travailleurs de la mer. *Paris, Lacroix, Verboeckhoven et Cie*, 1866, 3 tomes en un volume.

Sur le faux titre :

Au proscrit éloquent et brave
à l'ami cher
à H. Kesler.

VICTOR HUGO.

H. H. mars 1866.

ÉDITIONS ORIGINALES, sauf pour *Les Contemplations*.

1691. Les Enfants (le livre des mères). *Paris, Edition Hetzel*, 1858, in-12, veau bleu, tr. jasp.

Sur le faux titre :

à Mademoiselle Marie
Garnier.

VICTOR HUGO.

H. H. mai 1866.

1692. Rimes et idées par Louis Goujon — Arsène Thevenot — Arthur Albre — A. Togno — Mme Auguste Penquer. — Achille Millien — Léon Magnier — Léon Fouache... *Paris, Dentu*, 1868, in-8, dos et coins veau rouge, tr. roug.

Lettre d'envoi autographe de Mme J. Drouët à M. Arsène Garnier.

1693. 1802-1841. Victor Hugo raconté par un témoin de sa vie. *Paris, Lacroix, Verboeckhoven et Cie*, 1863, 2 vol. in-8, cartonn. demi-toile La Vall., non rognés, couvertures (*Lemardeley*).

ÉDITION ORIGINALE.

Un des quelques exemplaires imprimés sur **papier de Hollande** ; on y a ajouté *une note autographe* de Victor, de 2 pages in-4, relative à l'album projeté d'un voyage en Suisse à publier en collaboration avec Lamartine, Ch. Nodier et le Bon Taylor, — et un billet autographe de V. Hugo.

1694. Gustave Rivet. Victor Hugo chez lui. Edition illustrée d'une eau-forte par Frédéric Régamey. *Paris, Dreyfus, s. d.*, in-12, broché.

Edition originale.

Un des 5 exemplaires imprimés sur **papier de Chine**, contenant l'eau-forte en trois états.

HUYSMANS (Joris-Karl).

1695. Le Drageoir à épices. *Paris, Dentu*, 1874, pet. in-12, cartonn., dos et coins de mar. rouge, non rogné, couverture (*Carayon*).

Edition originale

Sur le faux titre :

A M. M. Du Seigneur
Témoignage de cordiale
sympathie.
J. K. Huysmans.

1696. Le Drageoir aux épices. *Paris, Librairie centrale.* 1875, pet. in-12, broché.

Deuxième édition.

1697. Marthe, histoire d'une fille. *Bruxelles, Gay*, 1876, pet. in-12, broché.

Edition originale, rare.

1698. Marthe, histoire d'une fille. Avec une eau-forte impressionniste de J.-L. Forain. *Paris, Derveaux*, 1879, pet. in-8, broché.

Exemplaire unique imprimé sur **vieux Japon**, avec texte réimposé, pour Emile Zola.

On y a ajouté le premier frontispice de *Forain*, refusé par Huysmans et non publié, en quatre épreuves : Japon, Chine et Hollande. Epreuves des plus rares.

1699. Marthe, histoire d'une fille. *Paris, Derveaux*, 1879, pet. in-12, frontisp. de Forain, broché.

1700. Sac au dos, par J.-K. Huysmans. *Bruxelles*, 1878, in-12, titre et 35 pp. chiff., mar. rouge, jans., compart. de fil. à l'intérieur, tranch. dor. sur témoins, couvert. (*Canape*).

Edition originale fort rare n'ayant été imprimée qu'à **10 exemplaires** tous sur papier de Chine. C'est le tirage à part de la première version de *Sac au dos* parue dans une revue belge, intitulée *L'Artiste*, et dirigée par Théodore Hannon. Cette nouvelle fut publiée ensuite dans les *Soirées de Médan*, avec de nombreuses modifications.

1701. Croquis parisiens, caux-fortes de Forain et Raffaelli. *Paris, Vaton*, 1880, pet. in-8, broché.

EDITION ORIGINALE ornée de 8 eaux-fortes.

Un des 20 exemplaires imprimés sur **papier du Japon** contenant les 2 eaux-fortes refusées ; on y a ajouté le frontispice de *Forain* pour *Marthe*.

1702. Les Sœurs Vatard. *Paris, Charpentier*, 1879, in-12, broché.

EDITION ORIGINALE.

1703. Les Sœurs Vatard. *Paris, Charpentier*, 1879, in-12, demi-rel. chag. bleu, tête marb., ébarbé.

EDITION ORIGINALE.

Sur le faux titre :

A J. Barbey d'Aurevilly
à l'auteur admirable de l'Ensorcelée
et de la Vielle maitresse
cette idylle naturaliste
de son tout dévoué
J. K. HUYSMANS.

1704. En Ménage. *Paris, Charpentier*, 1881, in-12, dos et coins de mar. bleu, tête dor., non rogné, couverture (*Pougetoux*).

EDITION ORIGINALE.

Un des 10 exemplaires imprimés sur **papier de Hollande**.

Sur le faux titre :

A M. Collet,
son bien devoué
J. K. HUYSMANS.

1705. En Ménage. *Paris, Charpentier*, in-12, 1881, broché.

EDITION ORIGINALE.

Sur le faux titre :

A M. Canivet
hommage de l'auteur
J. K. HUYMANS.

1706. A Vau-l'eau. Eau-forte de Am. Lynen. *Bruxelles, Kistemaeckers*, 1882, in-18, broché.

ÉDITION ORIGINALE.
Sur le faux titre :

A Harry Alis
son bien devoué confrère
J. K. HUYSMANS.

1707. L'Art moderne. *Paris, Charpentier*, 1883, in-12, cartonn. dos et coins, toile dorée, tête dor., non rogné (*Couvert.*).

ÉDITION ORIGINALE.
Un des 5 exemplaires imprimés sur **papier de Hollande** ; très rare.

1708. A Rebours. *Paris, Charpentier et Cie*, 1884, in-12, broché.

ÉDITION ORIGINALE.

1709. En Rade. *Paris, Tresse et Stock*, 1887, in-12, broché.

ÉDITION ORIGINALE.

1710. Un Dilemme. *Paris, Tresse et Stock*, 1887, in-18, broché.

ÉDITION ORIGINALE.
Un des **10** exemplaires imprimés sur **papier du Japon** ; *envoi autographe* de l'auteur à Philippe Gille sur le faux titre.

1711. Certains : G. Moreau. — Degas. — Chéret. — Wisthler. — Rops. — Le Monstre. — Le Fer, etç. *Paris, Tresse et Stock*, 1889, in-12, broché.

ÉDITION ORIGINALE.
Un des **15** exemplaires imprimés sur **papier du Japon**.

1712. Les vieux quartiers de Paris. La Bièvre. Avec vingt-trois dessins et un autographe de l'auteur. *Paris, Genonceaux*, 1890, in-8, broché.

PREMIÈRE ÉDITION FRANÇAISE.
Un des quelques exemplaires imprimés sur **papier du Japon**.
On y a ajouté :
1° 14 fumés sur Chine de figures du livre ;
2° 7 aquarelles et dessins à la plume de *L. Perret* ;
3° 10 petites eaux-fortes de *Maxime Lalanne*, dont 2 en deux états.

1713. Là-Bas. *Paris, Tresse et Stock*, 1891, in-12, broché.

ÉDITION ORIGINALE.
Un des **10** exemplaires imprimés sur **papier du Japon**.
Sur le faux titre :

A M. Philippe Gilles
Hómmage de l'auteur
J. K. HUYSMANS.

1714. En Route. *Paris, Tresse et Stock,* 1895, in-12, broché.

Edition originale.
Un des **50** exemplaires imprimés sur **papier de Hollande**.
Sur le feuillet de garde, *envoi autographe* de l'auteur à M. Bigaud.

1715. La Bièvre et Saint Séverin. *Paris, Stock,* 1898, in-12, broché.

Edition en partie originale.
Un des **10** exemplaires imprimés sur **papier du Japon**, auquel on a ajouté *une petite lettre autographe* de Huysmans.

1716. La Bièvre et Saint Séverin. *Paris, Stock,* 1898, in-12, cartonn. dos et coins de toile brune, non rogné, couverture (*Champs*).

Edition en partie originale.
Un des **40** exemplaires imprimés sur **papier de Hollande**.

1717. La Cathédrale. *Paris, Stock,* 1898, in-12, portrait à l'eau-forte de l'auteur, par Eugène Delatre, frontispice en couleurs de Pierre Roche, sur parchemin églomisé, broché.

Edition originale.
Un des **100** exemplaires imprimés sur **papier de Hollande**, avec un filigrane dessiné spécialement par *Louis Chevalier*.

1718. La Magie en Poitou. Gilles de Rais. *Ligugé,* 1899, in-8, de 27 pages, fig., broché.

Edition tirée à 100 exemplaires.

1719. Sainte Lydwine de Schiedam. *Paris, Stock,* 1901, pet. in-4. broché.

Edition originale.
Un des **80** exemplaires imprimés sur **papier de Hollande**.

1720. Esquisse biographique sur Dom Bosco. *Paris, Imp. I. Bologne, s, d,* (1902), in-12 allongé, figures, broché.

Edition originale.

1721. De Tout. *Paris, Stock,* 1902, in-12, broché.

Edition originale.
Un des **50** exemplaires imprimés sur **papier de Hollande**.

1722. L'Oblat. *Paris, P.-V. Stock,* 1903, in-12, broché.

Edition originale.
Un des **80** exemplaires (n° 47, au nom de M. Jules Le Petit) imprimés sur **papier de Hollande.**

1723. Trois primitifs. Les Grünewald du Musée de Colmar. Le Maître de Flemalle et la Florentine du Musée de Francfort-sur-le-Mein. *Paris, Librairie Léon Vanier, A. Messein, succ*ʳ, 1905, in-8, fig., broché.

Edition originale.
Un des **17** exemplaires imprimés sur **papier du Japon.**

1724. Les Foules de Lourdes. *Paris, Stock,* 1906, in-12, broché.

Edition originale.
Ex. n° 19, imprimé sur **papier de Hollande,** pour M. Jules Le Petit.

1725. Trois Eglises et trois primitifs. *Paris, Plon-Nourrit et Cie,* 1908, in-12, broché.

Edition en partie originale.
Un des **71** exemplaires imprimés sur **papier de Hollande.**

1726. Émile Zola et l'Assommoir (par J. K. Huysmans). *S. l. n. d.,* gr. in-8 de 10 pag. à 2 col., broché.

Extrait du journal l'*Actualité,* publié à Bruxelles.
Plaquette rare.

1727. 2 lettres autographes, signées, de Huysmans. Ens. 3 pag. in-8.

Lettre à Albert Bartholomé, sculpteur, non datée. Souffrant d'une bronchite, il ne peut se rendre comme d'habitude à leur réunion du mercredi.
Lettre du 19 août 1896 à un confrère à propos d'un rendez vous.

1728. J. K. Huysmans, par Roger Marx, portrait par J. F. Raffaelli. *Paris, Ed. Kleinmann,* 1893, plaquette in-4, brochée.

Tirage à part de l'*Artiste* imprimé à 37 exemplaires. Celui-ci est un des 10 tirés sur **papier du Japon.**

1729. IBELS (André). Les Chansons colorées, poésies. *Paris, Bibliothèque de la Plume,* 1894, in-16, broché.

Edition originale. Couverture lithographiée de *H. G. Ibels.*

JAMMES (Francis).

1730. Clara d'Ellébeuse ou l'Histoire d'une ancienne jeune fille. *Paris, Mercure de France*, 1899, in-16, broché.

Édition originale.
Un des **12** exemplaires imprimés sur **papier de Hollande.**

1731. Pomme d'Anis, ou l'histoire d'une jeune fille infirme. *Paris, Mercure de France*, 1904, in-18, broché.

Édition originale.
Un des **12** exemplaires imprimés sur **papier de Hollande.**

1732. L'Église habillée de feuilles. *Paris. Mercure de France*, 1906, in-18, broché.

Édition originale.
Envoi autographe de l'auteur à Davray, sur le faux titre.

1733. Pensée des Jardins. *Paris, Mercure de France*, 1906, in-18, broché.

Édition originale.

1734. Rayons de miel, églogues. *Paris, Bibliothèque de l'Occident*, 1908, gr. in-8, broché.

Édition originale.
Un des **25** premiers exemplaires imprimés sur **papier de Hollande Van Gelder.**

1735. La Brebis égarée, pièce en trois actes, en prose, in-12, cartonn. demi-toile grise.

Édition pré-originale.
Extrait de la *Revue hebdomadaire*, 1910.

1736. Ma Fille Bernadette. *Paris, Mercure de France*, 1910, in-12, broché.

Édition originale.

1737. Les Géorgiques chrétiennes. Chants I à VII. *Paris, Mercure de France*, 1911-1912, 3 vol. in-12, brochés.

Édition originale.
Un des **6** exemplaires imprimés sur **papier vélin d'Arches.**

1738. Les Géorgiques chrétiennes. *Paris, Mercure de France*, 1912, in-12, broché.

Première édition en un volume. Elle contient, en tête, la déclaration de foi de l'auteur.

Un des 29 exemplaires imprimés sur **papier de Hollande**.

JANIN (Jules).

1739. La Confession, par l'auteur de l'Ane mort et de la femme guillotinée. *Paris, Alexandre Mesnier*, 1830, 2 vol. in-12, brochés.

Edition originale, ornée, au premier volume, d'une figure dessinée et gravée à l'eau-forte par *Alfred Johannot*; elle est tirée sur Chine.

1740. Barnave. *Paris, Alexandre Mesnier et Levavasseur*, 1831, 4 vol. in-12, mar. rouge, jans., tête dor., non rognés (*Duru et Chambolle*).

Edition originale.

Un des quelques exemplaires imprimés sur **papier rose fin**.

Au premier feuillet du texte du quatrième volume, l'*envoi autographe* suivant :

A Madame Gouelin
hommage de l'auteur
son confrère indigne
J. Janin.

1741. Barnave. *Paris, Alexandre Mesnier et Levavasseur*, 1831, 4 vol. in-12, brochés.

Edition originale.

1742. Barnave, nouvelle édition entièrement revue. *Paris, Michel Lévy frères*, 1860, in-12, demi-rel. mar. rouge, dos orné, non rogné.

Cette nouvelle édition présente un livre entièrement refait. Elle est divisée en trente-trois chapitres au lieu de soixante-huit dans la première édition. Le texte et le style sont partout modifiés, des passages entiers sont nouveaux ou différents.

Un des rares exemplaires imprimés sur **papier de Hollande**.

1743. L'Ane mort ou la femme guillotinée. *Paris, Baudouin*, 1829,

2 tom. en 1 vol. in-12, cartonn. demi-basane rouge, non rogné.

Edition originale. Figure, gravée par *Couché fils*, ajoutée ; cette figure est celle qui se trouve à l'édition suivante.

On a collé sur des feuillets de garde les plats des deux couvertures de l'ouvrage contenant chacun une vignette de *Deveria*, gravée sur bois par *Porret*.

1744. L'Ane mort et la femme guillotinée. *Paris, A. Levavasseur, A. Mesnier*, 1832, 2 tom. en 1 vol. in-12, demi-rel. mar. rouge à longs grains, non rogné (*Rel. de l'époque*).

Quatrième édition ornée d'une figure gravée par *Couché fils*.
Exemplaire imprimé sur **papier de Chine.**

1745. L'Ane mort, édition illustrée par Tony Johannot. *Paris, Bourdin*, 1842, gr. in-8, broché.

Premier tirage ; la couveruture, imprimée en or, est très fraîche, ce qui est rare.

1746. Deburau, histoire du théâtre à quatre sous, pour faire suite à l'histoire du Théâtre-français. *Paris, Charles Gosselin*, 1832, pet. in-8, cartonn. demi-toile grise, tête dor., non rogné (*Lemardeley*).

Edition originale tirée, en tout, à 25 exemplaires.

Celui-ci est un des 12 exemplaires imprimés sur papier vélin fort et numérotés.

Le frontispice et les 2 portraits de Deburau sont tirés sur Chine volant.

1747. Deburau. Histoire du théâtre à quatre sous. *Paris, Charles Gosselin*, 1832, 2 tom. en 1 vol. in-12, frontispice et 2 portraits, dos et coins de mar. rouge, 3 filets, dos orné de filets, tête dor., non rogné (*Trautz-Bauzonnet*).

Seconde édition ; excellente reliure de Trautz.

1748. Contes fantastiques et contes littéraires. *Paris, Alexandre Mesnier, Alphonse Levavasseur*, 1832, 4 vol. — Contes nouveaux. *Ibid., id.*, 1833, 4 vol. Ens. 8 vol. in-12, brochés.

Edition originale.

1749. La Religieuse de Toulouse, *Paris, Michel Lévy frères*, 1850, 2 vol. in-8, brochés.

Edition originale.

1750. Les petits bonheurs. Illustrations de Gavarni. *Paris, Morizot, s. d.* (1856) in-8, chag. brun, fil., grande plaque dorée sur les plats, dos orné, tr. dor. (*Reliure de l'éditeur*).

PREMIER TIRAGE des 15 figures de *Gavarni* gravées sur acier.
La reliure est d'une grande fraîcheur.

1751. Les Symphonies de l'Hiver. Illustrations de Gavarni. *Paris, Morizot,* 1858, in-8, chagrin vert, fil., grande plaque dorée sur les plats, dos orné, tr. dor. (*Rel. de l'éditeur*).

PREMIER TIRAGE des 15 figures de *Gavarni,* gravées sur acier.
La reliure est d'une grande fraîcheur.

1752. Œuvres d'Horace, traduction nouvelle par M. Jules Janin. *Paris, Hachette et Cie,* 1860, pet. in-12, mar. rouge, fil., dos orné, tr. dor. (*Duru*).

EDITION ORIGINALE de cette traduction.
Exemplaire de Jules Janin, imprimé sur **papier de Hollande.**

1753. Œuvres d'Horace, traduction nouvelle par M. Jules Janin. *Paris, Hachette et Cie,* 1861, pet. in-12, mar. vert, fil., dos orné, tr. dor. (*David*).

Seconde édition de cette traduction.
On a ajouté à l'exemplaire la suite d'*Illustrations photographiques* publié par Curmer, en 1861, pour cette édition.

1754. Circé. *Paris, Achille Faure,* 1866, in-12, frontispice de Staal, mar. rouge, plats et dos semés d'un monogramme formé d'un A et de deux J, tr. dor. (*Hardy-Mennil*).

EDITION ORIGINALE, tirée à 60 exemplaires.
Exemplaire de Jules Janin ; un des **9** imprimés sur **papier de Hollande** auquel on a ajouté **2 dessins originaux** de **Staal** : celui du frontispice (portrait de Mme J. Janin) et celui du portrait de Jules Janin.
Le frontispice est en DEUX états dont un sur Chine.
La reliure est semée des chiffres entrelacés de J. Janin et de Mme J. Janin.

1755. Circé. *Paris, Achille Faure,* 1866, in-12, frontispice de Staal, broché.

EDITION ORIGINALE.
Un des **32** exemplaires sur **papier vélin fort** ; le frontispice est en DEUX états, dont un sur Chine volant.

1756. Béranger et son temps. *Paris, Pincebourde,* 1866, pet. in-12, 2 portraits, dos et coins de mar. brun, tête dor., non rogné.

Tirage spécial en un seul volume, imprimé à 60 exemplaires pour la librairie Jouaust et contenant une double épreuve des portraits de Béranger et de J. Janin. Cet exemplaire est un des 50 tirés sur papier de Hollande.

1757. L'Amour des livres. *Paris, Miard,* 1866, pet. in-12, papier vergé, broché.

Edition originale, tirée à 204 exemplaires.

1758. Lamartine, 1790-1869 (Extrait de la *Revue Moderne*), portrait à l'eau-forte par Martial. *Paris, Jouaust,* 1869, in-18, mar. brun, encad. de fil., chiffre aux angles, doubl. et gardes de moire bleu foncé, tête noire, non rogné, couverture (*Petit*).

Edition originale.
Un des quelques exemplaires imprimés sur **papier de Chine** auquel on a ajouté *deux lettres autographes* de Lamartine ; il provient de la bibliothèque de P. Arnauldet dont le chiffre se trouve sur les plats et le dos de la reliure.

1759. Alexandre Dumas, Mars 1871. Portrait à l'eau-forte par Flameng. *Paris, Lib. des bibliophiles,* 1871, in-18, mar. rouge, jans., tr. dor. (*Hardy-Mennil*).

Edition originale.
Un des **15** exemplaires imprimés sur **papier de Chine** ; il provient de la bibliothèque de J. Janin et renferme *une jolie lettre autographe* de Dumas fils à Jules Janin relative à ce volume,

1760. Les deux discours de M. Jules Janin à l'Académie française. Avril 1865-Novembre 1871. *Paris, Lib. des bibliophiles,* 1872, in-18, mar. rouge, milieu et dos ornés, tr. dor. (*Hardy*).
Un des **10** exemplaires imprimés sur **papier de Chine**.

JARRY (Alfred).

1761. César Antechrist. *Paris, Mercure de France,* 1895, in-16, broché.

Edition originale.

1762. Les Minutes de sable, mémorial. *Paris, Mercure de France,* 1896, in-16, broché.

Edition originale.

1763. Les Jours et les Nuits, roman d'un déserteur. *Paris, Mercure de France,* 1897, in-12, broché.

Edition originale.
Un des **12** exemplaires imprimés sur **papier de Hollande.**

1764. Ubu Roi, drame en cinq actes en prose, restitué en son intégrité tel qu'il a été représenté par les marionnettes du Théâtre des Phynances en 1888 et le Théâtre de l'Œuvre, le 10 décembre 1896, avec la musique de Claude Terrasse. *Paris, Mercure de France,* 1897, in-12, broché.

Edition fac-similé autographique.
Un des **10** exemplaires imprimés sur **papier du Japon.**

1765. Ubu Roi, drame en cinq actes en prose. *Paris, Mercure de France,* 1897, in-12, broché.

Même édition.
Un des **10** exemplaires imprimés sur **papier de Chine.**

1766. L'Amour absolu, roman. *Paris, Mercure de France,* 1899, pet. in-4, broché.

Edition originale, autographiée et tirée à 50 exemplaires.

1767. Messaline, roman de l'ancienne Rome. *Paris, Revue blanche,* 1901, in-12, broché.

Edition originale.
Un des **5** exemplaires imprimés sur **papier du Japon**; on y a ajouté une page du manuscrit autographe de l'auteur.

1768. Albert Samain (souvenirs). *Paris, Lemasle,* 1907, in-12, broché.

Un des **20** exemplaires imprimés sur **papier de Hollande.**

1769. JOLIET (Charles). Les Athéniennes. La Maison de Catulle— Don Carlos. *Paris, Lemerre, s. d.* (1866), in-12, demi-rel. mar. bleu, tête dor., non rogné (*Couvert.*).

Edition originale.
Exemplaire imprimé sur **papier de Hollande** contenant, sur le feuillet de garde, *un envoi autographe* de l'auteur à Ph. Burty.

1770. KAHN (Gustave). Les Palais nomades. *Paris, Tresse et Stock*, 1887, gr. in-8, cartonn., dos et coins mar. citron, non rogné (*Couvert.*).

Edition originale.
Exemplaire imprimé sur **papier du Japon**.
Envoi autographe de l'auteur sur le faux titre.

1771. KARR (Alphonse). Les Fées de la mer. Vignettes par Lorentz. *Paris, Blanchard*, 1851, pet. in-8, dos et coins de mar. orange, fil., dos orné, non rogné, couverture illust. (*Champs*).

Première édition illustrée.

1772. KARR (Alphonse). Histoire de Napoléon, avec vignettes. *Paris, au Bureau central des dictionnaires*, 1838, in-12, broché.

Edition originale, rare ; elle est ornée de 12 figures hors texte, gravées sur bois.

1773. 2 manuscrits et un acrostiche autographes, signés, d'Alphonse Karr.

1° Manuscrit de 9 pag., pet. in-4 oblong. Réflexions satiriques sur la Chambre et les députés ;

2° *Lettres écrites de mon jardin*, article de 25 pag., pet. in-4 obl. Cet article est accompagné d'une lettre autographe d'Alphonse Karr à l'éditeur Paulin ;

3° Acrostiche de 4 strophes sur le nom *Claire*, daté de Sainte-Adresse, pendant la pluie.

On y a ajouté un dessin à la plume d'A. Karr, portrait caricature de Romieu.

1774. KIPLING (Rudyard). Sur le mur de la ville. Traduit de l'anglais par Louis Fabulet, précédé d'une étude sur Rudyard Kipling, par André Chevrillon. *Paris, Mercure de France*, 1903, in-12, broché.

Edition originale de cette traduction.
Un des 7 exemplaires imprimés sur **papier de Hollande**.

1775. KIPLING (Rudyard). Lettres du Japon, traduites par Louis Fabulet & Arthur Austin-Jackson. *Paris, Mercure de France*, 1904, in-12, broché.

Edition originale de cette traduction.
Un des 7 exemplaires imprimés sur **papier de Hollande**.

1776. KIPLING (Rudyard). L'Histoire de Gadsby, conte sans intrigue, traduit par Louis Fabulet et Arthur Austin-Jackson. *Paris. Mercure de France,* 1905, in-12, broché.

Edition originale de cette traduction.
Un des 7 exemplaires imprimés sur **papier de Hollande.**

1777. KOCK (Paul de). Madame de Monflanquin, manuscrit in-fol. de 74 pag., cartonn. demi-toile rouge.

Manuscrit autographe ayant servi pour l'impression de ce roman.

1778. LABICHE (Eugène). Études de mœurs. La Clef des champs. *Paris, Gabriel Roux,* 1839, in-8, vélin blanc, non rogné, couvert. (*Lemardeley*).

Edition originale, très rare.
Envoi autographe de l'auteur à M. Eugène Paillet, daté de décembre 1880, et *lettre autographe* adressée également à M. Paillet : « Vous êtes bibliophile, permettez-moi de vous adresser une chose introuvable, c'est un péché de jeunesse, le premier et le seul qui soit sorti de ma plume. »

1779. LABICHE (Eugène). La Grammaire, comédie par Eugène Labiche, in-fol. de 88 pag., dos et coins de mar. brun, non rogné.

Manuscrit autographe de Labiche écrit sur papier de format in-8 et remonté sur Hollande in-fol.
Sur le feuillet de garde : *J'offre le manuscrit de ma* Grammaire *à Mademoiselle Valentine About, en priant son père d'excuser les fautes de l'auteur.*
Eugène Labiche.
31 octobre 1872.

1780. LABICHE (Eugène). 2 lettres autographes, signées, d'Eugène Labiche, 3 octobre et 11 novembre 1879, ens. 4 pag. 1/2, in-8.

Lettres intéressantes relatives au *Voyage de M. Perrichon,* au langage que fait parler Labiche à ses personnages et à sa candidature à l'Académie.

1781. LACHAMBEAUDIE. *Le Berger et la violette. L'Épervier et les colombes. La Neige,* fables. — *Notre amour à la France,* poésie. — Ens. 4 pièces autographes, signées, de Pierre Lachambeaudie.

La première fable et *Notre amour à la France* ont été composées à Brest, à bord du *Duguesclin,* alors que Lachambeaudie devait être transporté à la Guyane, après le Deux Décembre. On sait que Lachambeaudie ne partit pas et fut remis en liberté.
On y a joint une lettre autographe de Lachambeaudie relative à son ouvrage *Fleurs d'Exil,* 1 page in-8.

1782. LACOSTE (abbé). Diversités extraites d'un Cahier bleu, écrit dans une solitude des Pyrénées et dédiées à l'éditeur d'Eugénie de Guérin. Eau-forte de G. Bouet. *Caen, Imp. Le Blanc-Hardel,* 1868, pet. in-8, pap. de Hollande, broché.

Par l'abbé Lacoste, ami de Barbey d'Aurevilly, de Maurice et Eugénie de Guérin et de Trebutien.

1783. LACROIX (Paul). La maréchale d'Ancre, drame historique en cinq actes et en vers. Pet. in-4, cartonné.

Manuscrit autographe avec les modifications, changements et coupures opérés pour la représentation qui devait avoir lieu au théâtre de l'Odéon, en 1828, et qui fut défendue par la censure.

1784. LACROIX (Paul). Les deux fous, histoire du temps de François Ier, 1524, par P. L. (Paul Lacroix), Jacob, bibliophile, membre de toutes les académies. *Paris, Eugène Renduel,* 1830, in-8, broché.

Edition originale.

Sur le faux titre :

Le Bibliophile Jacob
à l'honorable bibliophile B. de Schonen.
P. Lacroix.

1785. LACROIX (Paul). 43 lettres et billets autographes, signés, de Paul Lacroix à l'éditeur Renduel,

Curieuse correspondance littéraire, à laquelle on a ajouté 10 autres lettres de P. Lacroix adressées à diverses personnes, lettres également littéraires.

On a joint à cette correspondance une poésie autographe de P. Lacroix : *Prière,* provenant d'un album.

1786. LAFAYETTE (Mme de). La princesse de Clèves. *Paris, Menard et Desenne fils,* 1818, fig., in-18, veau fauve, comp. de fil. noirs droits et courbes et de gros points dorés, avec parties de veau chiné noir, milieu sablé d'or, tr. dor.

Très curieuse reliure de l'époque, bien conservée.

Exemplaire imprimé sur papier vélin contenant les 4 figures de *Desenne* en épreuves avant la lettre.

1787. LAFENESTRE (Georges). Les Espérances. *Paris, Tardieu,* 1864, in-12, broché.

Edition originale.

Sur le faux titre, *envoi autographe* de l'auteur à Ph. Burty.

LA FONTAINE

1788. Fables, édition illustrée par J. J. Grandville. *Paris, Fournier aîné, Perrotin,* 1838, 2 tom. en 1 vol. in-8, chag. bleu foncé, fil., plaque dor. sur les plats, dos orné, tr. dor.

PREMIER TIRAGE du frontispice et des 120 figures de *Grandville,* gravées sur bois.
Reliure des éditeurs, très fraîche.

1789. Fables, édition illustrée par J. David, accompagnée d'une notice historique et de notes par le Bon Walckenaer. *Paris. Armand Aubrée,* 1839, 2 vol. gr. in-8, dos et coins de mar. rouge, fil., dos orné, tête dor., non rognés (*Capé*).

Bel exemplaire imprimé sur PAPIER VÉLIN auquel on a ajonté la suite des figures de *Grandville* sur CHINE VOLANT et diverses vignettes dont 4 de Deveria en deux états dont l'eau-forte pure.
De la bibliothèque Emm. Martin.

1790. Fables, avec des notes par Mme Amable Tastu. Illustrées de 20 grands dessins par Bouchot, gravés par Trichon. *Paris, Lehuby, s. d.,* in-12, cartonn. en chag. vert, plats entièrement ornés d'une grande planche dorée et mosaïquée, dos orné de la même façon, tr. dor. (*Rel. de l'éditeur*).

Reliure très fraîche.

1791. La morale en action des Fables de La Fontaine. Collection de vignettes dessinées par Henri Monnier et gravées par Thompson. *Paris, chez les marchands de nouveautés,* 1828, in-8, dos et coins de mar. vert foncé, non rogné, couverture (*Canape*).

Premier tirage des 16 vignettes d'H. Monnier les seules publiées.
Couverture de livraison imprimée sur papier couleur maïs.

1792. Contes et nouvelles. Édition illustrée par Tony Johannot, Cam. Roqueplan, Déveria, C. Boulanger, Fragonard père, Janet-Lange, etc. *Paris, Bourdin et Cie, s. d.* (1839), in-8, broché.

PREMIER TIRAGE. Couverture bleue, datée de 1839.

LAFORGUE (Jules).

1793. Les Complaintes. *Paris, Vanier*, 1885, in-12, broché.

EDITION ORIGINALE.
Exemplaire neuf, non coupé.

1794. L'Imitation de Notre-Dame la lune. *Paris. Vanier*, 1886, in-12, broché.

EDITION ORIGINALE.

1795. Petites Moralités légendaires, petit in-4, cartonn. demi-toile grise.

Maquette du volume publié par la *Revue indépendante* en 1887, sous le titre : *Moralités légendaires*.

Cette maquette est composée d'épreuves de la *Vogue* et de la *Revue indépendante* collées sur papier de format petit in-4, sur lequel l'auteur a écrit de nombreux changements, corrections, ou additions. Dans certains endroits, le premier texte a été complètement remanié. La dernière partie du volume : *Pan et la Syrinx*, la seule qui ait été publiée dans la *Revue indépendante*, ne porte aucune correction ni addition.

1796. Moralités légendaires. Avec un portrait de l'auteur gravé à l'eau-forte par Emile Laforgue. *Paris, Librairie de la Revue indépendante*, 1887, in-12, cartonn. papier gris, ébarbé.

EDITION ORIGINALE.
Un des exemplaires imprimés sur **grand papier vélin** français à la cuve; il ne renferme que l'épreuve en noir du portrait.

1797. Moralités légendaires, in-12, portrait, broché.

Même édition; un des 400 exemplaires sur vélin anglais mécanique.

1798. Des Fleurs de bonne volonté. — Derniers vers. Réunion de 4 manuscrits en 1 vol. pet. in-4, cartonn. en papier.

Ces manuscrits ont servi à Edouard Dujardin et Félix Fénéon pour établir l'édition de *Les derniers vers de Jules Laforgue* qu'ils ont publiée en 1890 et qui n'a été tirée qu'à 57 exemplaires, après souscription.

Notre recueil renferme, pour *Les Fleurs de bonne volonté*, les trois manuscrits désignés par MM. Dujardin et Fénéon sous les rubriques : *Brouillon, Copie A*, *Copie B* avec la note suivante : « Quelques pièces se trouvent dans les trois groupes ; d'autres dans deux ; d'autres dans un seul. Aucun groupe ne les contient toutes. Une table des matières, définitive ou non, établie par Jules Laforgue, détermine l'ordre des pièces. »

Pour *Les Derniers vers*, nous avons le manuscrit indiqué *Copie C*, par MM. Dujardin et Fénéon. Il est incomplet des pièces 6, 7 et 8.

On a joint à ce recueil un exemplaire de l'édition des *Derniers vers de Jules Laforgue*, 1890, in-8, cartonné. Cet exemplaire provient de Dujardin : il renferme des corrections manuscrites et il contient à la fin la liste manuscrite des souscripteurs à cette édition et l'état du coût de cette dernière et le produit qu'elle a donné.

1799. Les derniers vers de Jules Laforgue. Des Fleurs de bonne volonté, le Concile féerique, derniers vers. Édités avec toutes les variantes par MM. Édouard Dujardin et Félix Fénéon. *Paris*, 1890, in-8, broché.

Edition faite par souscription et imprimée à 57 exemplaires.

1800. Œuvres complètes de Jules Laforgue, mélanges posthumes. *Paris, Mercure de France*, 1903, in-12, broché.

Edition originale.

1801. Jules Laforgue, essai, par Camille Mauclair, avec une introduction par Maurice Maeterlinck. *Paris, Mercure de France*, 1896, in-16, broché.

Edition originale.
Un des **10** exemplaires imprimés sur **papier de Hollande**.

1802. LA JEUNESSE (Ernest). L'Imitation de notre Maître Napoléon. *Paris, Fasquelle*, 1897, in-12, broché.

Edition originale.
Un des **10** exemplaires imprimés sur **papier de Hollande**.

1803. LA JEUNESSE (Ernest). Les Nuits, les ennuis et les âmes de nos plus notoires contemporains. *Paris, Perrin et Cie*, 1896, in-12, broché.

Edition originale.
Un des **12** exemplaires imprimés sur **papier de Hollande**.

1804. LA JEUNESSE (Ernest). Les Nuits, les ennuis et les âmes de nos plus notoires contemporains. *Paris, Perrin et Cie*, 1896, in-12, cartonn., toile noire, non rogné (*Couvert.*).

Edition originale.
Envoi autographe de l'auteur à Catulle Mendès, sur le faux titre.
Sur le feuillet de garde, Ernest La Jeunesse a dessiné à la plume les portraits de sept des plus notoires contemporains.

LAMARTINE (Alphonse de).

1805. Méditations poétiques. *A Paris, au Dépôt de la Librairie grecque-latine-allemande,* 1820, in-8, de 118 pages y compris la table, broché.

Edition originale.
Bel exemplaire.

1806. Méditations poétiques, par M. Alphonse de Lamartine, seconde édition, revue et augmentée. *Paris, au Dépôt de la Librairie grecque-latine-allemande,* 1820, in-8, broché.

Seconde édition contenant deux Méditations nouvelles.

1807. Méditation vingtième. *Philosophie,* au Marquis de L. M. F., plaquette, pet. in-fol., cartonnée.

Manuscrit autographe (3 pag. 1/3) de cette méditation qui figure dans les *Œuvres complètes* (édition de 1862) sous le titre *Méditation vingt-troisième,* des premières méditations.
Très jolie pièce.

1808. Nouvelles méditations poétiques, par Alphonse de Lamartine. *Paris, Urbain Canel et Audin,* 1823, in-8, broché.

Edition originale.

1809. Deux lettres autographes, signées, de Lamartine, ens. 5 pag. in-4.

Ces deux lettres sont relatives à la publication, en 1823, des *Nouvelles méditations.*
La première (1 pag.), datée du 28 juillet 1823, est adressée à Urbain Canel ; il lui annonce la remise de son volume pour l'impression.
La seconde (4 pag.), très intéressante, est datée du 6 août 1823, et adressée à M. de Mareste. Lamartine lui apprend la remise à Urbain Canel de son nouveau volume de *Méditations* et l'entretient longuement d'un projet de tragédie semi-romantique.

1810. La Mort de Socrate, poëme par A. de Lamartine. *Paris, Ladvocat,* 1823, in-8, broché.

Edition originale.

1811. Chant du Sacre ou la Veille des armes, par A. de Lamartine.

Paris, Urbain Canel et Baudouin frères, 1825, in-8, de 64 pag., cartonné, non rogné (*Couvert.*).

Edition originale.

Bel exemplaire de premier tirage avant la suppression des quatre vers des pages 19 et 20.

1812. Chant du Sacre ou la Veille des armes, par A. de Lamartine. *Paris, Baudouin frères et Urbain Canel*, 1825, in-8, broché.

Edition originale ; les quatre vers des pages 19-20 sont supprimés.

1813. Cantate par M. Alph. de Lamartine pour les établissements de Saint-Joseph et de Saint Nicolas dirigés par M. l'abbé de Bervanger. *S. l. n. d.* (*Paris, Imp. ecclésiastique de Béthune, 1829*), in-8, de 14 pag. et 1 f. blanc, broché.

Edition originale d'une plaquette très rare ; on y a ajouté un portrait de Lamartine, dessiné à Rome en 1828, gravé par *Deveaux* en 1857.

1814. Harmonies poétiques et religieuses par Alphonse de Lamartine. *Paris, Charles Gosselin*, 1830, 2 vol. in-8, brochés.

Edition originale.

1815. Harmonie 16ème. *La Perte de l'Anio.* Au marquis de Barol. Plaquette, pet. in-fol., cartonnée.

Manuscrit autographe (5 pag. 1/3) daté de Florence, 10 décembre 1826. C'est la troisième Harmonie du deuxième livre du premier volume, des *Harmonies poétiques et religieuses*, édition originale de 1830 :

J'avais rêvé jadis, au bruit de ses cascades.

Très jolie pièce.

1816. Contre la peine de mort. Au Peuple du 19 octobre 1830, par Alphonse de Lamartine. *Paris, Charles Gosselin*, 1830, in-8, de 16 pag., toile bleue, non rogné (*Couvert.*).

Edition originale.

On y a joint : Le Peuple du 22 Décembre 1830, par Adolphe S***, étudiant en droit, à M. A. de Lamartine, en réponse à son ode au peuple du 19 octobre 1830. *Paris, Lequien fils*, 1831, in-8, de 16 pag., broché.

1817. Sur la politique rationnelle par Alphonse de Lamartine. *Paris, Charles Gosselin*, octobre 1831, in-8, broché.

Edition originale.

Bel exemplaire non coupé.

1818. Des Destinées de la poésie, par M. A. de Lamartine. *Paris, Lib. de Charles Gosselin, Lib. de Furne,* 1834, gr. in-8, de 75 pag., demi-rel. mar. bleu à longs grains, tête dor., non rogné, couverture (*Champs*).

Edition originale.

Bel exemplaire de Paul de Saint-Victor, imprimé sur **grand papier** ; on y a ajouté 3 portraits et 1 planche lithographiée de V. Adam pour les *Harmonies*.

1819. Discours prononcés par Lamartine à la Chambre des Députés, de 1834 à 1841, réunion de 61 discours en 3 vol. in-8, demi-rel. veau fauve, tr. jasp. (*Rel. de l'époque*).

Mouillures.

1820. Souvenirs, impressions, pensées et paysages pendant un voyage en Orient (1832-1833), ou notes d'un voyageur, par M. Alphonse de Lamartine. *Paris, Librairie de Charles Gosselin, Librairie de Furne,* 1835, 4 vol. in-8, portrait, tableau, brochés.

Edition originale.

Bel exemplaire, non coupé ; les 2 planches signalées par M. Vicaire manquent.

1821. Jocelyn, épisode. Journal trouvé chez un curé de village par Alphonse de Lamartine. *Paris, Charles Gosselin et Furne,* 1836, 2 vol. in-8, brochés.

Edition originale.

Bel exemplaire.

1822. Jocelyn, épisode. *Paris, Gosselin,* 1841, in-8, chag. noir, fil. dor., dent. et milieu à froid, tr. dor. (*Rel. de l'époque*).

Premier tirage de cette édition illustrée de 12 planches hors texte par *Marckl* et de vignettes, le tout gravé sur bois.

Exemplaire de Mlle Louise Bertin avec ses initiales sur le premier plat de la reliure.

1823. Jocelyn, épisode. *Paris, Furne et Cie, Pagnerre, Hachette et Cie,* 1862, in-8, chag. bleu foncé, fil., plaque dorée sur les plats contenant le portrait de Lamartine en médaillon, dos orné, tr. dor.

Edition ornée de 12 figures hors texte et de vignettes dans le texte, gravées sur bois d'après *Marckl*.

Reliure des éditeurs, très fraîche.

1824. La Chute d'un ange, épisode par Alphonse de Lamartine. *Paris,*

Gosselin et W. Coquebert, 1838, 2 vol. in-8, veau bleu, encad. de 5 fil. dor., plaque à froid, tr. dor. (*Rel. de l'époque*).

Edition originale.

1825. La Chute d'un ange, épisode, par Alphonse de Lamartine. Edition originale. *Paris, Charles Gosselin et W. Coquebert.* 1838, 2 vol. in-12, mar. brun, jans., doubl. et gardes de moire jaune, tr. dor. (*Asper frères*).

Première édition de ce format.

1826. Œuvres complètes de Lamartine. La Chute d'un ange. *Paris, Gosselin et Furne,* 1840, 2 vol. in-8, dos et coins de mar. rouge, fil., dos orné, tête dor., non rognés, couvertures (*Champs*).

Edition ornée de 2 planches et de vignettes dans le texte dont une trentaine sont gravées d'après *Meissonier*.

1827. Œuvres complètes d'Alphonse de Lamartine. Nouvelle édition. *Paris, Gosselin, Furne et Cie*, 1839-1840, 13 vol. in-8, portraits, figures et vignettes, brochés.

Les tomes 11 et 12 (la *Chute d'un Ange*) renferment une trentaine de vignettes d'après *Meissonier*.

1828. Œuvres de M. A. de Lamartine. Le Passé, le Présent, l'Avenir de la République. *Paris, au Bureau du Conseiller du Peuple,* 1850, gr. in-8, demi-rel. mar. bleu à longs grains, tête dor., non rogné (*Champs*).

Prime gratuite aux abonnés de 1850 du *Conseiller du Peuple*.
Edition originale.

1829. Geneviève, histoire d'une servante. *Paris, Michel Lévy frères,* 1851, in-8, broché.

Première édition en librairie.

1830. Le Tailleur de pierres de Saint-Point, récit villageois. *Paris, Furne, Pagnerre, Lecou,* 1851, in-8, figure, broché.

Edition originale.

1831. Les Visions, poème. *Paris, Michel Lévy frères,* 1853, in-32, broché.

Première édition séparée de ce poème paru dans le livre III des *Nouvelles Confidences*.

1832. Mes Confidences. Fior d'Aliza. *Paris, Dentu,* 1863, in-8, broché.

ÉDITION ORIGINALE.

1833. Poésies inédites de Lamartine, publiées par Mme Valentine de Lamartine et précédées d'une préface de M. de Laprade. *Paris, Hachette et Cie*, 1873, in-8, portrait, broché.

ÉDITION ORIGINALE.

1834. Poésie autographe de Lamartine, 1 pag. in-4.

Huitain portant cette annotation autographe de Frédérick Lemaître: *Vers composés par Lamartine à Mons, écrit de sa main, Xbre 1849.* F. L.

1835. Discours autographe, signé, de Lamartine, 6 pag. in-4.

Discours à propos du Rapport de M. de Tocqueville sur les propositions de révision de la Constitution,

1836. Lettre autographe de Lamartine, signée et datée du 15 Janvier 1848, 2 pag. 1/2 in-8.

Curieuse lettre, réponse à une critique de l'*Histoire des Girondins*, parue en 1847 ; il se défend d'avoir pris la défense de Robespierre et d'avoir justifié la Terreur.

1837. Lettre autographe, signée, de Lamartine, 4 pag. in-4.

Belle lettre, datée de Paris, 22 décembre 1850. Elle est relative à une note de l'*Annuaire de la Noblesse* accusant Lamartine d'avoir dérobé le nom de la famille ancienne et éteinte des Lamartine. Il donne des détails très intéressants sur sa généalogie qui remonte au XVe siècle.

1838. LAMBER (Juliette) [Madame Adam]. Païenne. *Paris, Ollendorff*, 1883, in-12, broché.

ÉDITION ORIGINALE.
Un des 20 exemplaires imprimés sur **papier de Hollande.**

LAMENNAIS (Félicité de).

1839. Paroles d'un croyant, 1833 (par F. de Lamennais). *Paris, Eugène Renduel,* 1834, in-8, dos et coins de mar. rouge, fil., dos plat orné de fil., tête dor., non rogné, couverture (*Champs*).

ÉDITION ORIGINALE.
Exemplaire du Bon A. de Claye.

1840. Paroles d'un croyant, 1833. *Paris, Eugène Renduel,* 1834, in-8, cartonné, non rogné.

Exemplaire de l'ÉDITION ORIGINALE portant des annotations à l'encre qui semblent être autographes de Lamennais.
Dans le même volume : *Contre-paroles d'un croyant,* 1834, par Elzéar Ortolan, *Paris, Gouas et Ledoyen, s. d.*

1841. Paroles d'un croyant, 1833, par F. de La Mennais. *Paris, Eugène Renduel,* 1834, in-8, broché.

Quatrième édition.

1842. Affaires de Rome par M. F. de La Mennais. *Paris, P. D. Cailleux et Cie*, 1836, in-8, dos et coins de mar. rouge, tête dor., non rogné, couverture (*Allô*).

ÉDITION ORIGINALE ; rare.
Bel exemplaire.

1843. Le Livre du peuple, par F. Lamennais. *Paris, Delloye et Lecou,* 1838, in-8, demi-rel. veau gris, tête dor., non rogné (*Couvert.*).

ÉDITION ORIGINALE.
Lettre autographe (3 lignes) de Lamennais, ajoutée ; elle est signée des initiales *F. M.* (Félicité-Marie).

1844. Amschaspands et Darvands, par F. Lamennais. *Paris, Pagnerre,* 1843, in-8, cartonn., demi-toile bleue, non rogné (*Couvert*).

ÉDITION ORIGINALE.

1845. Lettre autographe, signée, F. de Lamennais à son frère. *Paris,* 4 avril 1817, 2 pag. 1/2 in-8.

Lettre curieuse donnant les plus intéressants détails sur la vie privée de Lamennais lorsqu'il vint, à Paris, habiter chez M. Caron.

1846. Lettre autographe de Lamennais à Victor Hugo, 16 Janvier 1823, 2 pag. 1/2 in-8.

Très jolie lettre à son cher Victor. Lamennais adresse à Victor Hugo ses consolations pour l'état de son pauvre frère ; il n'a pas encore reçu la seconde édition du recueil de Victor Hugo (*Odes,* seconde édition de 1823) qu'il attend avec impatience, car tout ce qui vient de lui, lui est cher. Il n'est pas rassuré sur l'état de la société, etc.

1847. Lettre autographe, signée, de Lamennais au général Donnadieu, La Chenaie, 30 mars 1833, 3 pag. in-4.

Superbe lettre, une des plus importantes de Lamennais ; longue satire du parti légitimiste et saisissant tableau de la situation politique de la France.

1848. Lettre autographe, signée, de Lamennais à Chateaubriand, datée du 8 février, 1 pag. 1/2 in-8.

Il reconnaît la justesse des observations de Chateaubriand à propos du Christianisme et de la Révolution.

1849. Lettre autographe, signée, de Sainte-Beuve à Lamennais, 15 mai 1834, 3 pag. in-8.

Belle et très intéressante lettre relative à la première édition des *Paroles d'un croyant*. Il met Lamennais, alors à Dinan, au courant du grand succès de son livre, l'irritation a été grande en haut lieu. Il parle à Lamennais de Chateaubriand, Ballanche et Lamartine. Cette lettre est, certainement, une des plus intéressantes de Sainte-Beuve.

1850. LANO (Pierre de). L'Enfant. *Paris, Simonis Empis,* 1897, in-12, broché.

Édition originale.
Un des 6 exemplaires imprimés sur **papier de Hollande.**
Dédicace autographe de l'auteur à Charles Mougel, sur le faux titre.

1851. LAPRADE (Victor). Poésies. Réunion de 4 vol. in-12, dont 3 brochés et 1 demi-rel. veau fauve, ébarbé.

Psyché. Paris, Labitte, 1841. — *Odes et Poèmes*. Ibid., id., 1843. — *Les Symphonies*. Paris, Michel Lévy frères, 1855 (Envoi autog. de l'auteur à Sainte-Beuve). — *Le Livre d'un père*. Paris, Hetzel, s. d. (1877).
Éditions originales des trois premiers volumes.

1852. LAPRADE (Victor de). Poésie et 6 lettres autographes, signées, de Victor de Laprade. Ens. 23 pag. in-4 et in-8.

La poésie est un fragment (2 p. 1/2 in-4) d'un *Adieu à la Muse*.
Les 6 lettres, fort intéressantes, sont littéraires. L'une est relative à son recueil de poésies *Les Symphonies*, un autre, à ses *Idylles héroïques*.

1853. LAPRADE (Victor de). 3 lettres autographes, signées, de Victor de Laprade, ens. 7 pag. in-8.

Lettres littéraires.
Lettre d'envoi de quelques vers à la *Revue française*. — Lettre au poète Autran, Lyon, 5 septembre 1842 ; belle lettre relative aux poésies d'Autran et aux siennes.
La dernière est relative à l'ouvrage de Laprade, *Du Sentiment de la nature avant le christianisme*.

1854. LAROCQUE (Jean). La Naïade. *Paris, Ferreyrol, s. d.* (1890), in-12, broché.

Edition originale.

Un des quelques exemplaires imprimés sur papier du Japon.

1855. LA ROUNAT (Charles de). Marceline, drame en quatre actes. *Paris, Michel Lévy frères*, 1871, in-12, cartonn. dos et coins de mar. vert, non rogné, couverture (*Champs*).

Edition originale.

Exemplaire auquel on a ajouté deux longues lettres autographes (12 et 16 pages) d'Alexandre Dumas fils ; elles sont fort intéressantes et relatives à la pièce.

1856. LASALLE (Albert de). L'Hôtel des haricots, maison d'arrêt de la Garde nationale de Paris. 70 dessins par Edmond Morin. *Paris, Dentu, s. d.* (1864), pet. in-8, cartonn. dos et coins de mar. bleu foncé, non rogné, couverture (*Champs*).

Premier tirage des illustrations.

1857. LASSAILLY (Charles). Les Roueries de Trialph, notre contemporain avant son suicide. *Paris, Silvestre*, 1833, in-8, broché.

Edition originale.

1858. LASSAILLY (Charles). 2 lettres autographes, de Charles Lassailly, signées de ses initiales, 6 pag. in-8 et in-4.

Lettres charmantes et très intéressantes écrites à sa cousine Mme Esther Roger. L'une est datée du 28 juin 1833.

1859. LASSAILLY (Charles). Notes autographes de Charles Lassailly, écrites sur papiers de divers formats.

Sentences philosophiques. — Bossuet. — Notes sur l'Iliade. — Résumé de l'histoire universelle, selon Jacques Bénigne Bossuet. — Oraison universelle. — Lettre à Théophile sur Homère. — Leçons de sagesse. — Ste Thérèse. — Fragmens et articles de critique littéraire. — Application à faire à notre temps. — Etc.

1860. LA TAILHÈDE (Raymond de). Ode à Jean Moréas. *S. l.* (*Moissac*), 1891, plaquette pet. in-4 de 4 pages, brochée.

Edition originale.

Envoi autographe de l'auteur à Anatole France, sur le faux titre.

On y a ajouté *une lettre autographe* de R. de la Tailhède à l'éditeur Vanier et *un huitain autographe* de Jean Moréas : *A Raymond de La Tailhède.*

1861. LATOUCHE (Henri de). Les Classiques vengés. *Paris, Ladvocat,* 1825, in-18, dos et coins de veau fauve, non rogné.

Exemplaire aux armes de M. de Mandre contenant *un envoi autographe* de l'auteur à Raynouard et *une lettre autographe* du même à Jules Sandeau.

1862. LATOUCHE (Henri de). Fragoletta. Naples et Paris en 1799 (par H. de Latouche). *Paris, Levavasseur et Urbain Canel,* 1829, 2 vol. in-8, mar. rouge, fil., dos orné, tr. dor. (*Petit-Simier*).

Edition originale.

1863. LATOUCHE (Henri de). Grangeneuve. *Paris, Magen,* 1835, 2 vol. in-8, brochés.

Edition originale.

1864. LATOUCHE (Henri de). 8 lettres autographes, signées, de Henri de Latouche.

Lettres relatives à ses ouvrages et à ses articles dans divers journaux et revues. 4 sont adressées à Louis Desnoyers.

LAVEDAN (Henri).

1865. Mam'zelle Vertu. *Paris, Laurent,* 1886, in-12, demi-rel. mar. violet, tête dor., non rogné.

Edition originale.
Un des **15** exemplaires imprimés sur **papier de Hollande** ; sur le faux titre, *envoi autographe* de l'auteur à M. Camille Dalou.

1866. Inconsolables. *Paris, Libr. illustrée, s. d.* (1888), in-18, broché.

Edition originale.
Un des rares exemplaires imprimés sur **papier du Japon**.

1867. Une Cour. *Paris, Kolb, s. d.* (1893), in-12, broché.

Edition originale.
Un des **15** exemplaires imprimés sur **papier de Hollande**.

1868. Leur beau physique. *Paris, Kolb, s. d.* (1893), in-12, broché.

Edition originale.
Un des quelques exemplaires imprimés sur **papier de Hollande**.

1869. Le Lit. *Paris, Calmann Lévy*, 1894, in-12, broché.

Edition originale.
Un des **15** exemplaires imprimés sur **papier du Japon.**

1870. Le Prince d'Aurec, comédie en trois actes. *Paris, Calmann Lévy*, 1894, in-8, broché.

Edition originale.
Un des **15** exemplaires imprimés sur **papier de Hollande.**
On y a joint : *La Critique du Prince d'Aurec.* Paris, Ollendorff, 1892, broch. in-12 (Envoi autog. de l'auteur à M. Oswald).

1871. Le vieux Marcheur, roman dialogué. *Paris, Calmann Lévy*, 1895, in-12, dos et coins de mar. vert, dos orné, tête dor., non rogné, couverture (*Canape*).

Edition originale.
Un des **40** exemplaires imprimés sur **papier de Hollande.**

1872. Leurs Sœurs. Illustrations de Robaudi. *Paris, Emile Testard*, 1896, in-12, broché.

Edition originale.
Un des **25** exemplaires imprimés sur **papier de Chine.**

1873. Les petites visites. *Paris, Calmann Lévy*, 1896, in-12, broché.

Edition originale.
Un des **5** exemplaires imprimés sur **papier du Japon.**

1874. La Valse, les départs. *Paris, Calmann Lévy, s. d.* (1897), in-12, broché.

Edition originale.
Un des **10** exemplaires imprimés sur **papier de Hollande.**

1875. Les Jeunes, ou l'espoir de la France. *Paris, Calmann Lévy*, 1897, in-12, dos et coins de mar. vert, dos orné, tête dor., non rogné, couverture (*Canape*).

Edition originale.
Un des **20** exemplaires imprimés sur **papier de Hollande.**

1876. Les deux noblesses, comédie en trois actes. *Paris, Calmann Lévy*, 1897, in-8, cartonn. toile grise, non rogné, couvert. (*Carayon*).

Edition originale.
Un des **15** exemplaires imprimés sur **papier de Chine.**

1877. Le Marquis de Priola, pièce en trois actes, en prose. *Paris, Flammarion, s. d.* (1902), in-12, portrait, broché.

ÉDITION ORIGINALE.
Un des 20 exemplaires imprimés sur **papier du Japon.**

1878. Le bon temps, roman. *Paris, Ollendorff,* 1906, in-12, broché.

ÉDITION ORIGINALE.
Un des 30 exemplaires imprimés sur **papier de Hollande.**

1879. Le Duel, pièce en trois actes. *Paris, Ollendorff,* 1906, in-12, portrait, broché.

ÉDITION ORIGINALE.
Un des 30 exemplaires imprimés sur **papier de Hollande.**

1880. La Vie courante. *Paris, Librairie des Annales, s. d.* (1909), in-12, broché.

ÉDITION ORIGINALE.
Un des 5 exemplaires imprimés sur **papier de Hollande.**

1881. Bon an, Mal an. *Paris, Perrin et Cie,* 1898-1909-1910, 3 vol. in-12, brochés.

ÉDITION ORIGINALE.
Un des 10 exemplaires imprimés sur **papier de Hollande.**

1882. Les beaux dimanches. *Paris, Calmann Lévy,* 1898, in-12, dos et coins de mar. vert., fil., dos orné, non rogné, couverture (*Durvand*).

ÉDITION ORIGINALE.
Un des 15 exemplaires imprimés sur **papier de Hollande.**

1883. Servir, pièce en deux actes. — La Chienne du Roi, pièce en un acte. *Paris, Flammarion, s. d.* (1913), in-12, broché.

ÉDITION ORIGINALE.
Un des 10 exemplaires imprimés sur **papier du Japon.**

1884. LAVEDAN (H.) et G. LENOTRE. Varennes, pièce en sept tableaux. *Paris, Librairie universelle,* 1904, in-12, port. et fig., broché.

ÉDITION ORIGINALE.
Un des 25 exemplaires imprimés sur **papier de Hollande.**

1885. LEAR (Fanny). Le Roman d'une américaine en Russie, accompagné de lettres originales. *Bruxelles, A. Lacroix et Cie*, 1875, in-12, mar. orange, fil. à comp., dos orné, tête dor., non rogné (*Dupré*).

Edition originale.

Un des quelques exemplaires imprimés sur **papier de Hollande** auquel on a ajouté 27 photographies : portraits, vues, etc.

1886. LEBAILLY (Armand). Italia mia. Préface de M. Ernest Legouvé. *Paris, Garnier frères, s. d.* (1860), in-12, demi-rel. mar. bleu, tête dor., non rogné (*Pougel*). — Chants du Capitole, par le même. *Ibid., id., s. d.* (1861), in-12, broché. — Ens. 2 vol.

Editions originales.

Six vers autographes de l'auteur sont écrits sur un feuillet de garde du second volume.

1887. LEBLANC (Georgette) [Madame M. Maeterlinck]. Le Choix de la vie. *Paris, Fasquelle,* 1904, in-12, broché.

Edition originale.

Un des **15** exemplaires imprimés sur **papier de Hollande**.

1888. LE CARDONNEL (Louis). Poèmes. *Paris, Mercure de France,* 1904, in-12, broché.

Edition originale.

Envoi autographe de l'auteur à José-Maria de Heredia, sur le faux titre.

1889. LE CARDONNEL (Louis). Carmina sacra. *Paris, Mercure de France,* 1912, in-12, broché.

Edition originale.

Un des **9** exemplaires imprimés sur **papier du Japon**.

1890. LECOMTE (Jules). Le Luxe, comédie en quatre actes et en prose. *Paris, Librairie nouvelle,* 1858, in-8, chag. brun, comp. de 12 fil. à froid et dor., dos orné, tr. dor. (*Rel. de l'époque*).

Edition originale.

Tirage spécial à 25 exemplaires sur **papier de Hollande**.

1891. LECOMTE DE NOUY (Madame Hélène). Amitié amoureuse, préface fragmentée de Stendhal. *Paris, Calmann Lévy,* 1897, in-12, broché.

Edition originale.

1892. LECOMTE DE NOUY (Madame Hélène). L'Amour est mon péché... par l'auteur de « Amitié amoureuse ». *Paris, Calmann Lévy*, 1898, in-12, broché.

Edition originale.
Un des **30** exemplaires imprimés sur **papier de Hollande.**
Envoi autographe de l'auteur sur le faux titre.

1893. LECOMTE DE NOUY (Madame Hélène). Maudit soit l'amour... *Paris, Calmann Lévy, s. d.* (1900). — Mater dolorosa. *Ibid., id., s. d.* (1901). — Hésitation sentimentale. *Ibid., id., s. d.* (1902). — En regardant passer la vie... (en collaboration avec Henri Amic). *Paris, Ollendorff*, 1903. — Ens. 4 vol. in-12, brochés.

Editions originales.
Envoi autographe de l'auteur à deux volumes ; les noms des destinataires ont été grattés.

1894. LECOMTE DE NOUY (Madame Hélène). La Joie d'aimer... par l'auteur de « Amitié amoureuse ». *Paris, Calmann-Lévy, s. d.* (1904), in-12, broché.

Edition originale.
Un des **30** exemplaires imprimés sur **papier de Hollande.**

1895. LE COMTE DE NOUY (Madame Hélène). Les Serments ont des ailes... par l'auteur de « Amitié amoureuse ». *Paris, Calmann-Lévy, s. d.* (1904). in-12, broché.

Edition originale.
Un des **35** exemplaires imprimés sur **papier de Hollande.**

1896. LECOMTE DE NOUY (Madame Hélène). L'Amour guette, par l'auteur de « Amitié amoureuse » et Jean de Fossendal. *Paris, Calmann-Lévy, s. d.* (1908), in-12, broché,

Edition originale.
Un des **35** exemplaires imprimés sur **papier de Hollande.**

LECONTE DE LISLE (Charles-Marie).

1897. Poèmes antiques par Leconte de Lisle. *Paris, Librairie de Marc Ducloux*, 1852, in-12, de XIX et 378 pag., mar. La Vall., filet et fleurons à froid, tête dor., non rogné, couverture (*Gruel*).

Edition originale.
Bel exemplaire de M. Taigny.

1898. Poèmes et poésies, par Leconte de Lisle. *Paris, Dentu,* 1855, in-12, broché.

Edition originale.
Exemplaire non coupé.

1899. Poésies complètes de Leconte de Lisle. Poèmes antiques. — Poèmes et poésies. — Poésies nouvelles. Avec une eau-forte dessinée et gravée par Louis Duveau. *Paris, Poulet-Malassis et De Broise,* 1858, in-12, broché.

Edition en partie originale.
Un des quelques exemplaires imprimés sur **papier de Hollande**; non coupé.

1900. Idylles de Théocrite et Odes anacréontiques, traduction nouvelle de Leconte de Lisle. *Paris, Poulet-Malassis et De Broise,* 1861, pet. in-8, broché.

Edition originale de cette traduction.

1901. Poésies barbares. *Paris, Poulet-Malassis,* 1862, in-12, mar. vert très foncé, le premier plat orné d'une tête de tigre en cuir pyrogravé par Robert Kastor; le second plat, d'un trophée formé d'une lyre, d'une lance et d'une masse d'armes en couleurs, tête dor., non rogné (*Couvert.*).

Edition originale.

1902. Poésies barbares. *Paris, Poulet-Malassis,* 1862, in-12, broché.

Edition originale.

1903. Kaïn, poème de Leconte de Lisle, in-8, de 21 pag. en feuilles.

Début du deuxième volume du *Parnasse contemporain* où cette belle poésie a paru pour la première fois.
On y a joint la couverture de la 1re série de ce volume, datée de 1869.

1904. Catéchisme populaire républicain (par Leconte de Lisle). *Paris, Lemerre,* 1870, pet. in-12, broché.

Edition originale.
Un des **22** exemplaires imprimés sur **papier de Chine**.

1905. Histoire populaire du christianisme, par Leconte de Lisle.

Paris, Lemerre, 1871, pet. in-12, dos et coins de mar. rouge, fil., tête dor., non rogné (*Cuzin*).

Édition originale.

Un des 10 exemplaires imprimés sur **papier de Chine**

1906. Les Erinnyes, tragédie antique en deux parties, en vers. *Paris, Lemerre,* 1873, in-12, broché.

Exemplaire imprimé sur **papier de Chine**.

1907. Premières poésies et lettres intimes. Préface de B. Guinaudeau. *Paris, Bibliothèque Charpentier,* 1902, in-12, broché.

Un des 15 exemplaires imprimés sur **papier de Hollande**.

1908. L'Holocauste, pièce de vers autographe, signée, de Leconte de Lisle, 3 pag. 1/2 in-4.

Belle pièce.

1909. Lettre autographe, signée, de Leconte de Lisle à Paul Verlaine, St Enogat 24 août 1867, 2 p. 1/2 in-8.

Lettre intéressante dans laquelle il parle de son séjour en Bretagne et où il est question de Victor Hugo.

1910. LE FLAGUAIS (Alph.). Études du siècle et pages du cœur. *Caen, Avonde,* 1836, in-18, broché.

Édition originale rare ; *envoi autographe* de l'auteur sur le faux titre. Le Flaguais, poète de talent, était grand ami de Barbey d'Aurevilly.

1911. Le GOFFIC (Charles). L'Ame bretonne. *Paris, Champion,* 1902, in-12, broché.

Édition originale.

Un des rares exemplaires imprimés sur **papier Whatman**.

1912. LEGOUVÉ (Ernest). Les Vieillards, par Ernest Legouvé, auteur de Max. *Paris, Adolphe Guyot, Urbain Canel,* 1834, in-8, broché.

Édition originale, rare.

1913. LEGOUVÉ (Ernest). Lettre autographe, signée, d'Ernest Legouvé. 10 pag. in-8.

Longue lettre littéraire, non datée, adressée à un critique ; elle lui donne de très intéressants détails sur la manière dont il a compris sa tragédie de *Médée* (publiée en 1854) et sur les caractères des divers personnages de cette pièce.

1914. LEGOUVÉ (Gabriel). Le Mérite des femmes, augmenté de notes concernant les femmes célèbres du 19e siècle et suivi de la Mélancolie. des Souvenirs et de la Sépulture, poèmes. *Paris, Masson fils*, 1838, in-18, mar. violet, encad. de 6 filets gras et maigres, milieu et dos orné, tr. dor. (*Kleinhans*).

Frontispice et vignettes dans le texte gravés sur bois.

LEMAITRE (Jules).

1915. Les Médaillons. Puellæ — Puella — Risus rerum — Lares, 1876-1879. *Paris, Lemerre*, 1880, in-12, cartonn., demi-mar. bleu, non rogné (*Couvert.*).

Edition originale.

1916. Petites orientales. Une Méprise au jour le jour. *Paris, Lemerre*, 1883, in-12, broché.

Edition originale.

1917. Sérénus, histoire d'un martyr. Contes d'autrefois et d'aujourd'hui. *Paris, Lemerre*, 1886, in-12, broché.

Edition originale.
Sur le faux titre, *envoi autographe* de l'auteur à Emile Zola.

1918. Les Contemporains, études et portraits littéraires. *Paris, Lecène et Oudin*, 1886-1889, 4 vol. in-12, brochés.

Edition originale des quatre premiers volumes.

1919. Révoltée, pièce en quatre actes. *Paris, Calmann Lévy*, 1889, in-12, broché.

Edition originale.

1920. Mariage blanc, drame en trois actes. *Paris, Calmann Lévy*, 1891, in-12, broché.

Edition originale.
Un des **25** exemplaires imprimés sur **papier de Hollande.**

1921. Le Député Leveau, comédie en quatre actes. *Paris, Calmann Lévy*, 1891, in-12, cartonn., dos et coins de mar. grenat, non rogné, couverture (*Carayon*).

Edition originale.
Un des **20** exemplaires imprimés sur **papier de Hollande.**

1922. Les Rois. *Paris, Calmann Lévy*, 1893, in-12, cartonn., dos et coins de toile rouge, non rogné, couverture (*Champs*).

Edition originale.
Un des **40** exemplaires imprimés sur **papier de Hollande.**

1923. Flipote, comédie en trois actes. *Paris, Calmann Lévy*, 1893, in-12, broché.

Edition originale.
Un des **25** exemplaires imprimés sur **papier de Hollande.**

1924. Myrrha vierge et martyre. *Paris, Lecène, Oudin et Cie*, 1894, in-12, cartonn., dos et coins de toile rouge, non rogné, couverture (*Champs*).

Edition originale.
Un des **15** exemplaires imprimés sur **papier du Japon.**

1925. Le Pardon, comédie en trois actes. *Paris, Calmann Lévy*, 1895, in 12, broché.

Edition originale.
Un des **35** exemplaires imprimés sur **papier de Hollande.**

1926. L'Age difficile, comédie en trois actes. *Paris, Calmann Lévy*, 1895, in-12, broché.

Edition originale.

1927. Les Rois, drame en cinq actes. *Paris, Calmann Lévy*, 1895, in-12, broché.

Edition originale.
Un des **35** exemplaires imprimés sur **papier de Hollande.**

1928. La bonne Hélène, comédie en deux actes, en vers. *Paris, Calmann Lévy*, 1896, in-12, cartonn. dos et coins de toile rouge, non rogné, couverture (*Champs*).

Edition originale.
Un des **40** exemplaires imprimés sur **papier de Hollande.**

1929. L'Ainée, comédie en quatre actes, cinq tableaux. *Paris, Calmann Lévy,* 1898, in-12, cartonn. dos et coins de toile rouge, non rogné, couverture (*Champs*).

Edition originale.

1930. Un Nouvel Etat d'esprit. *Paris, Juven, s. d.* (1903), in 12, broché.

Edition originale.

1931. La Massière, comédie en quatre actes. *Paris, Calmann-Lévy, s. d.* (1905), in-12, broché.

Edition originale.
Un des **25** exemplaires imprimés sur **papier de Hollande.**

1932. Bertrade, comédie en quatre actes. *Paris, Calmann-Lévy, s. d.* (1905), in-12, broché.

Edition originale.
Un des **25** exemplaires imprimés sur **papier de Hollande.**

1933. Les Vieux livres. *Paris, Henri Leclerc,* 1905, pet. in-4, broché.

Extrait du *Bulletin du Bibliophile*, tiré à 75 exemplaires.

1934. Les Vieux livres. *Paris, L. Gougy,* 1906, in-12, papier de Hollande, broché.

Exemplaire offert par l'éditeur.

1935. Jean-Jacques Rousseau. *Paris, Calmann-Lévy, s. d.* (1907), in-12, broché.

Edition originale.
Un des **30** exemplaires imprimés sur **papier du Japon.**

1936. Fénelon. *Paris, Arthème Fayard, s. d.* (1910), in-12, broché.

Edition originale.
Un des **40** exemplaires imprimés sur **papier de Hollande.**

1937. Chateaubriand. *Paris, Calmann Lévy, s. d.* (1912), in-12, broché.

Edition originale.
Un des **60** exemplaires imprimés sur **papier de Hollande.**

1938. Jean Racine. *Paris, Calmann-Lévy, s. d.* (1908), in-12, broché.

Edition originale.
Un des 30 exemplaires imprimés sur **papier du Japon.**

1939. La Vieillesse d'Hélène, nouveaux contes en marge. *Paris, Calmann-Lévy, s.d.* (1914), in-12, broché.

Edition originale.

1940. Les Romans de Jules de Glouvet [Quesnay de Beaurepaire], in-4 de 5 pag. montées sur papier vélin, avec encadrements rouges, cartonn. papier.

Manuscrit autographe, signé, ayant servi pour l'impression.

1941. LEMERCIER DE NEUVILLE. Pastiches critiques des poètes contemporains. *Paris, Dentu,* 1856. — Les Tourniquets. *Paris, Poulet-Malassis,* 1862. — Physiologie du coiffeur. *Ibid., id.,* 1862. — Théâtre des Pupazzi, Fleur de guitare, scènes de la vie amoureuse et tourmentée. *Strasbourg, Durry,* 1868. — Comédies de chateau. *Paris, Tresse,* 1880. — Ens. 5 vol. et plaquettes in-12, brochés.

Editions originales.

1942. LEMERCIER DE NEUVILLE. I. Pupazzi. Texte et images par Lemercier de Neuville. *Paris, Dentu,* 1866, in-18, broché.

Edition originale.

1943. LEMERCIER DE NEUVILLE. Théâtre des Pupazzi. *Lyon, Scheuring,* 1876, pet. in-8, portraits et vignettes, vélin blanc, fil., non rogné, couverture illust. par Lalauze (*Lemardeley*).

Un des quelques exemplaires imprimés sur **papier vergé** auquel on a ajouté 14 portraits.

1944. LE MOUËL (Eugène). Feuilles au vent, poésies. *Paris, Lemerre,* 1879. — Enfants bretons, poésies. *Ibid., id.,* 1890. — Fleur de blé noir. *Ibid., id.,* 1893. — Ens. 3 vol. in-12, brochés.

Editions originales.
Dédicace autographe de l'auteur à José Maria de Heredia sur le faux titre des deux derniers volumes.

1945. LEMOYNE (André). Stella Maria, Ecce Homo, Renoncement, Une larme de Dante. *Paris, Firmin Didot,* 1860, in-18. — Les Sauterelles de Jean de Saintonge. *Paris, Faure,* 1863, pet. in-12. — Les Charmeuses (avec la Note littéraire de Jules Vallès). *Paris, Firmin Didot, s. d.* (1867), in-16 (Envoi autog. de l'auteur). — Fleurs du soir. *Paris, Lemerre,* 1893, in-12 (avec quatrain autog. de l'auteur à José Maria de Heredia). — Ens. 4 vol., brochés.

Editions originales, sauf pour *Les Charmeuses.*

1946. LEMOYNE (André). Une Idylle normande, illustrations d'Antoine Duplais Destouches. *Paris. Charpentier,* 1882, gr. in-8, broché.

Première édition illustrée.
Un des 30 exemplaires imprimés sur **papier de Hollande.**

1947. LETTRES D'ABAILARD ET D'HÉLOÏSE, traduites sur les manuscrits de la Bibliothèque royale. par E. Oddoul ; précédées d'un essai historique par M. et Mme Guizot. Edition illustrée par J. Gigoux. *Paris, E. Houdaille,* 1839, 2 vol. gr. in-8, nomb. fig. et portr., mar. bleu foncé, fil., comp. à petits fers, dos orné, tr. dor. (*Capé*).

Bel exemplaire de premier tirage, dont les épreuves sont *sur papier de Chine avant la lettre.*

On y a ajouté : **Un dessin original** à la sépia (de Leprince ?) (*la Castration d'Abailard*) ; — la suite des figures de *Moreau,* dans laquelle deux épreuves sont avant la lettre (dont celle de la Castration, très rare). — Plusieurs portraits rares d'Abailard et d'Héloïse ; — les beaux portraits de M. et Mme Guizot sur papier de Chine avant la lettre ; — un autre portrait de Mme Guizot ; — un portrait de Chateaubriand, etc.

1948. LESCURE (de). Les Maitresses du Régent, études d'histoire et de mœurs sur le commencement du xviiie siècle. *Paris, Dentu,* 1860, pet. in-12, dos et coins de mar. La Vall., tête dor., non rogné (*Petit-Simier*).

Edition originale.
Exemplaire de Jules Janin imprimé sur **papier bleu** ; c'est un des 8 ou 10 non cartonnés.
Lettre autographe de l'auteur relative à l'exemplaire, ajoutée.

1949. LE VAVASSEUR (Gustave). Poésies fugitives. Eaux-fortes par Jules B.[uisson]. *Paris, Dentu,* 1846, in-12, cartonn., dos et coins de mar. noir, non rogné, couverture (*Pierson*).

Edition originale, ornée de 4 eaux-fortes hors texte, tirées en bistre.

1950. LE VAVASSEUR (Gustave). Inter amicos. *Paris, Plon,* 1866, in-12, portrait, dos et coins de mar. rouge, tête dor., non rogné.

Edition originale.
Recueil de poésies, tiré à petit nombre.
Envoi autographe de l'auteur sur le faux titre.

1951. LE VAVASSEUR (Gustave). Les Tripes, par deux normands. *En Normandie (Alençon, De Broise)*, 1873, plaq. in-8, dos et coins de mar. brun, non rogné (*Couvert.*).

Edition originale, ornée d'un frontispice d'*Edmond Morin*, gravé à l'eau-forte.

Exemplaire de Ph. Burty, un des **12** imprimés sur **papier de Chine**. On y a ajouté **une curieuse aquarelle** originale d'*Ed. Morin* accompagnant une lettre de ce dernier à Ph. Burty.

1952. LE VAVASSEUR (Gustave). Dans les herbages. — Les Echos suisses. — Le Curé de Saint-Gerebold. — Les Amours de Jacqueline. *Paris, Plon et Cie*, 1877, in-12, broché.

Edition originale.
Un des rares exemplaires imprimés sur **papier de Hollande**.

1953. LIESSE (Henri). Un Roman d'hier. *Bruxelles, Imp. de Félix Callewaert père*, 1878, in-12, cartonn. toile rouge, non rogné, couverture (*Pierson*).

Edition originale.
Exemplaire d'Edmond de Goncourt, un des **10** imprimés sur **papier de Hollande**.
Envoi autographe de l'auteur sur le faux titre.

1954. LIREUX (Auguste). Assemblée nationale comique. Illustré par Cham. *Paris, Michel Lévy frères*, 1850, gr. in-8, mar. bleu, fil., dos orné, tr. dor. (*Duru*).

Premier tirage.
Exemplaire imprimé sur **papier vélin fort** et contenant les 20 planches hors texte, tirées sur papier de Chine.

1955. LIREUX (Auguste). Assemblée nationale comique. Illustré par Cham. *Paris, Michel Lévy frères*, 1850, gr. in-8, broché.

Premier tirage.
Bel exemplaire non coupé.

1956. LIVRE D'AMOUR ou folastreries du vieux tems. *Paris, Louis Janet, s. d.* (1821), in-18, titre et 6 fig., mar. rouge à longs grains, fil., dent. dor. et dent. à froid, ornem. à froid au milieu des plats, dos orné, tr. dor.

Joli exemplaire dans une reliure de l'époque, fraîche ; le frontispice et les 6 figures ont été coloriés avec soin.

1957. LORENTZ. Polichinel ex-roi des marionnettes devenu philosophe. *Paris, Willermy*, 1848, in-8, broché.

Edition originale.

LORRAIN (Jean).

1958. Poésies, réunion de 4 vol. in-12 dont 3 brochés et un cartonn. demi-toile marron, non rogné, couverture (*Lemardeley*).

Le Sang des dieux, avec un dessin d'après Gustave Moreau. Paris, Lemerre, 1882. — *La Forêt bleue*, avec un dessin d'après Sandro Botticelli. Ibid., id., 1883 (Envoi autog. de l'auteur à Laurent Tailhade). — *Modernités*. Paris, Giraud et Cie. 1885, cartonné. — *Les Griseries*. Paris, Tresse et Stock, 1887 (Envoi autog. de l'auteur à Jules Cornély).
Editions originales.

1959. Réunion de 6 volumes in-12, brochés, tous avec envoi autographe de l'auteur sur le faux titre.

Buveurs d'âmes. *Paris, Charpentier et Fasquelle*, 1893. — La petite classe, préface de Maurice Barrès, *Paris, Ollendorff*, 1895. — Heures d'Afrique. *Paris, Fasquelle*, 1899. — Poussières de Paris. *Paris, Fayard frères, s. d.* (1899). — Poussières de Paris. *Paris, Ollendorff*, 1902. — Coins de Byzance. Le Vice errant. *Paris, Ollendorff*, 1902.

1960. Un Démoniaque. Espagnes. Histoires du bord de l'eau. *Paris, Dentu*, 1895, in-12, broché.

Edition originale.
Un des quelques exemplaires imprimés sur **papier de Chine**.

1961. Sensations et souvenirs. *Paris, Charpentier et Fasquelle*, 1895, in-12, broché.

Edition originale.
Un des quelques exemplaires imprimés sur **papier de Hollande**.

1962. Contes pour lire à la Chandelle. *Paris, Mercure de France*, 1897, in-18, broché.

Edition originale.
Un des 4 exemplaires imprimés sur **papier du Japon**.

1963. Ames d'automne. Illustrations de Heidbrinck. *Paris, Fasquelle,* 1898, in-16, broché.

ÉDITION ORIGINALE.
Exemplaire imprimé sur papier gris.

1964. La Maison Philibert. Illustrations de George Bottini. *Paris, Librairie universelle,* 1904, in-12, broché.

ÉDITION ORIGINALE.
Un des **25** exemplaires imprimés sur **papier de Hollande.**

1965. Propos d'âmes simples. *Paris, Ollendorff.* 1904, in-12, broché.

ÉDITION ORIGINALE.
Un des **10** exemplaires imprimés sur **papier de Hollande.**

1966. L'Ecole des vieilles femmes. *Paris, Ollendorff,* 1905, in-12, broché.

ÉDITION ORIGINALE.
Un des **10** exemplaires imprimés sur **papier de Hollande.**

1967. Le Crime des riches. *Paris, Douville.* 1905, in-12, broché.

ÉDITION ORIGINALE.
Un des **10** exemplaires imprimés sur **papier de Hollande.**

1968. Ellen. Couverture de van Wélie. *Paris, Douville,* 1906, in-12, broché.

ÉDITION ORIGINALE.
Un des **10** exemplaires imprimés sur **papier de Hollande.**

1969. Théâtre (Broceliande — Yanthis — La Mandragore — Ennoïa). *Paris, Ollendorff,* 1906, in-12, portrait, broché.

PREMIÈRE ÉDITION COLLECTIVE et en partie originale.
Un des **5** exemplaires imprimés sur **papier de Hollande.**

1970. La Jonque dorée, conte japonais, avertissement de Georges Normandy. *Paris, Sansot et Cie*, 1911, gr. in-16, texte encadré de filets dorés, broché.

ÉDITION ORIGINALE d'une œuvre de jeunesse de Jean Lorrain.
Un des **25** exemplaires imprimés sur **papier d'Arches.**

LOTI (Pierre).

1971. Aziyadé. — Stamboul, 1876-1877. — Extrait des notes et lettres d'un lieutenant de la marine anglaise entré au service de la Turquie le 10 mai 1876, tué sous les murs de Kars, le 27 octobre 1877. *Paris, Calmann-Lévy*, 1879, in-12, cartonn. de mar. violet à longs-grains, non rogné, couverture (*Carayon*).

Edition originale avec la première couverture.

1972. Le Mariage de Loti. Rarahu. *Paris, Calmann Lévy*, 1880, in-12, dos et coins de chag. lilas poli, tête dor., non rogné, couverture (*David*).

Edition originale.
Sur le faue titre :

à Madame N. Duplais
Souvenir affectueux.
J. Viaud.

Lettre autographe de l'auteur, ajoutée.

1973. Lettre autographe de Pierre Loti à Koenig, signée Julien Viaud, 3 pag. in-8.

Jolie lettre relative à son traité avec Planquette pour la mise en musique du *Mariage de Loti*.

1974. Le Roman d'un spahi. *Paris, Calmann Lévy*, 1881, in-12, broché.

Edition originale.

1975. Mon Frère Yves, in-8, dos et coins de veau fauve, tr. jasp.

Edition pré-originale parue dans les tomes 58 et 59 de la *Revue des deux mondes*, année 1883.

1976. Mon Frère Yves. *Paris, Calmann Lévy*, 1883, in-12, broché.

Edition originale.
Un des 20 exemplaires imprimés sur **papier de Hollande.**

1977. Fleurs d'ennui. Pasquala Ivanovitch. Voyage du Monténégro. Suleima. *Paris, Calmann Lévy*, 1883, in-12, cartonn., dos et coins de mar. vert foncé, tête jasp., non rogné, couverture (*Carayon*).

Edition originale.
Un des 20 exemplaires imprimés sur **papier de Hollande.**

1978. Les trois dames de la Kasbah, conte oriental. *Paris, Calmann Lévy*, 1884, in-16, cartonn. de mar. noir à longs grains, non rogné, couverture (*Champs*).

Edition originale.
Un des **10** exemplaires imprimés sur **papier du Japon.**

1979. Pêcheur d'Islande. *Paris, Calmann Lévy*, 1886, in-12, cartonn. demi-toile grise, non rogné, couverture (*Durvand*).

Edition originale.

1980. Pêcheur d'Islande. *Paris, Calmann Lévy*, 1886, in-8, broché.

Edition originale.
Tirage fait pour la librairie Conquet à 380 exemplaires sur **papier de Hollande,** texte réimposé, orné d'un portrait de P. Loti, 1 en-tête, 6 fig. et 1 cul-de-lampe de *Jazet*, gravés à l'eau-forte par *G. Manchon*.
Cet exemplaire (n° 54) est un des 230 contenant les figures en deux états : avant et avec la lettre.

1981. Propos d'exil. *Paris, Calmann Lévy*, 1887, in-12, cartonn. papier japonais, non rogné (*Couvert.*).

Edition originale.
Un des **20** exemplaires imprimés sur **papier du Japon.**

1982. Japoneries d'automne. *Paris, Calmann Lévy*, 1889, in-12, broché.

Edition originale.
Un des **50** exemplaires imprimés sur **papier de Hollande**; la couverture est fatiguée.

1983. Au Maroc. *Paris, Calmann Lévy*, 1889, in-8, broché.

Edition originale imprimée à **20** exemplaires sur **papier de Hollande,** ornés sur le faux titre d'**une aquarelle originale** de **Paul Avril.**
Cette édition a été faite pour la *Société des Amis des livres*, de Lyon.

1984. Au Maroc. *Paris, Calmann Lévy*, 1890, in-12, dos et coins de mar. brun, tête dor., non rogné.

Première édition en librairie.
Un des **25** exemplaires imprimés sur **papier du Japon.**

1985. Le Roman d'un enfant. *Paris, Calmann Lévy*, 1890, in-12, broché.

Edition originale.
Un des **25** exemplaires imprimés sur **papier du Japon.**

1986. Le Roman d'un enfant. *Paris, Calmann Lévy,* 1890, in-12, broché.

Edition originale.
Un des 75 exemplaires imprimés sur **papier de Hollande.**

1987. Le Livre de la pitié et de la mort. *Paris, Calmann Lévy,* 1891, in-12, broché.

Edition originale.
Un des 75 exemplaires imprimés sur **papier de Hollande.**

1988. Fantôme d'Orient. *Paris, Calmann Lévy,* 1891, in-8, broché.

Edition originale imprimée à 20 exemplaires sur **papier de Hollande** pour la *Société des Amis des livres* de Lyon.

1989. Fantôme d'Orient. *Paris, Calmann Lévy,* 1892, in-12, mar. orange, encad. de filets, dos sans nerfs orné, tr. dor. sur témoins, couverture (*Ruban*).

Première édition en librairie.
Un des 25 exemplaires imprimés sur **papier du Japon.**

1990. Séance de l'Académie française du 7 avril 1892. Discours de réception de Pierre Loti. *Paris, Calmann Lévy,* 1892. in-8, cartonn. de mar. brun, non rogné, couverture (*Carayon*).

Première édition en librairie offrant des différences avec le texte de l'édition officielle.
Un des 25 exemplaires imprimés sur **papier de Hollande.**

1991. L'Exilée. *Paris, Calmann Lévy,* 1893, in-12, broché.

Edition originale.
Un des 75 exemplaires imprimés sur **papier de Hollande.**

1992. Matelot. Illustrations de Myrbach. *Paris, Lemerre, s. d.* (1893), in-12, broché.

Edition originale.
Un des 30 exemplaires imprimés sur **papier de Chine.**

1993. Jérusalem. *Paris, Calmann Lévy,* 1895, in-12, broché.

Edition originale.

1994. Le Désert. *Paris, Calmann Lévy,* 1895, in-12, broché.

Edition originale.

1995. Ramuntcho. *Paris, Calmann Lévy*, 1897, in-12, broché.

Edition originale.
Un des 25 exemplaires imprimés sur **papier du Japon**.

1996. Figures et choses qui passaient. *Paris, Calmann Lévy*, 1898, in-12, broché.

Edition originale.

1997. Reflets sur la sombre route. *Paris, Calmann Lévy*, 1899, in-12, broché.

Edition originale.

1998. Les derniers jours de Pékin. *Paris, Calmann-Lévy, s. d.* (1901), in-12, broché.

Edition originale.
Un des 60 exemplaires imprimés sur **papier de Hollande**.

1999. L'Inde (sans les Anglais). *Paris, Calmann-Lévy, s. d.* (1903), in-12, broché.

Edition originale.
Un des 60 exemplaires imprimés sur **papier de Hollande**.

2000. Vers Ispahan. *Paris, Calmann-Lévy, s. d.* (1904), in-12, broché.

Edition originale.
Un des 20 exemplaires imprimés sur **papier du Japon**.

2001. Vers Ispahan. *Paris, Calmann-Lévy, s. d.* (1904), in-12, broché.

Edition originale.
Un des 60 exemplaires imprimés sur **papier de Hollande**.

2002. La troisième jeunesse de Madame Prune. *Paris, Calmann-Lévy s. d.* (1905), in-12, broché.

Edition originale.
Un des 20 exemplaires imprimés sur **papier du Japon**.

2003. La troisième jeunesse de Madame Prune. *Paris, Calmann-Lévy, s. d.* (1905), in-12, broché.

Edition originale.
Un des 60 exemplaires imprimés sur **papier de Hollande**.

2004. Les Désenchantées, roman des harems turcs contemporains. *Paris, Calmann-Lévy, s. d.* (1906), in-12, broché.

Edition originale.

Un des **25** exemplaires imprimés sur **papier du Japon.**

2005. Les Désenchantées, roman des harems turcs contemporains. *Paris, Calmann-Lévy, s. d.* (1906), in-12, broché.

Édition originale.

Un des **75** exemplaires imprimés sur **papier de Hollande.**

2006. La Mort de Philæ. *Paris, Calmann-Lévy, s. d.* (1908), in-12, broché.

Edition originale.

Un des **25** exemplaires imprimés sur **papier du Japon.**

2007. Un Pélerin d'Angkor. *Paris, Calmann-Lévy, s. d.* (1912), in-12, broché.

Edition originale.

Un des **100** exemplaires imprimés sur **papier de Hollande.**

2008. Turquie agonisante. *Paris, Calmann-Lévy, s. d.* (1913), in-12, broché.

Edition originale.

2009. Théâtre. 3 vol. in-12, brochés.

L'Ile du rêve, idylle polynésienne en trois actes, poème de Pierre Loti, André Alexandre et Georges Hartmann, musique de Reynaldo Hahn. *Paris, Calmann Lévy*, 1898. — Judith Renaudin, drame en cinq actes, sept tableaux. *Ibid., id.*, 1898. — Madame Chrysanthème, comédie lyrique en quatre actes, un prologue et un épilogue d'après Pierre Loti, poème de Georges Hartmann et André Alexandre, musique de André Messager. *Paris, Choudens*, 1902.

Editions originales.

2010. LOTI (Pierre) et GAUTIER (Judith). La Fille du ciel, drame chinois. *Paris, Calmann-Lévy; s. d.* (1911), in-12, broché.

Edition originale.

2011. LOTI (Pierre) et VEDEL (Emile). Le roi Lear, traduit de William Shakespeare. *Paris, Calmann-Lévy, s. d.* (1904), in-12, broché.

Edition originale.

Un des **50** exemplaires imprimés sur **papier de Hollande.**

LOUŸS (Pierre),

2012. Astarté, 1891 (A la fin :). *Achevé d'imprimer le 24 avril 1892. Se trouve à la Librairie de l'Art indépendant*, in-4, broché.

EDITION ORIGINALE.
Imprimée à 100 exemplaires numérotés. Celui-ci est un des 75 exemplaires tirés sur **papier de Hollande**.

2013. Lêda, ou la Louange des bienheureuses Ténèbres. *Paris, Libr. de l'Art indépendant*, 1893. — Chrysis, ou la Cérémonie matinale. *Ibid., id.*, 1893. — Ariane, ou le Chemin de la Paix éternelle. *Ibid., id.*, 1894. — La Maison sur le Nil, ou les apparences de la vertu. *Ibid,, id.*, 1894. — Ens. 4 plaquettes in-8, cartonn. demi-mar. blanc, non rognés (*Couvert.*).

EDITIONS ORIGINALES.
Papier de Chine tiré à **20** exemplaires.

2014. Les Poésies de Méléagre (traduction de Pierre Louÿs). *Paris*, 1893, in-16, cartonn. de mar. blanc, non rogné (*Couvert.*).

EDITION ORIGINALE.
Un des **5** exemplaires imprimés sur **papier de Chine**.
Sur le feuillet de garde, *envoi autographe* de l'auteur à Edmond Bailly.

2015. Lucien de Samosate. Scènes de la vie des courtisanes (traduction de Pierre Louÿs). *Paris*, 1894, in-16, cartonn. de mar. blanc, non rogné (*Couvert.*).

EDITION ORIGINALE.
Un des **5** exemplaires imprimés sur **papier de Chine**.
Sur le feuillet de garde, *envoi autographe* de l'auteur à Edmond Bailly.

2016. L'Esclavage, roman. *Paris, Mercure de France*, 1895-1896, in-8, cartonn. demi-toile orange, non rogné.

Réunion des livraisons du *Mercure de France*, d'août 1895 à janvier 1896, contenant l'édition pré-originale d'*Aphrodite* sous le titre de *L'Esclavage*.
A la fin du volume : LOUYS (P.). Chrysis ou la cérémonie matinale. *Paris, Revue de l'Art indépendant*, 1893, papier de Holl. (EDIT. ORIGINALE).

2017. Aphrodite, mœurs antiques, *Paris, Mercure de France*, 1896, in-12, broché.

EDITION ORIGINALE.
Un des **9** exemplaires imprimés sur **papier du Japon**.

2018. Aphrodite, mœurs antiques. *Paris, Mercure de France,* 1896, in-12, cartonn. en vélin à recouvr., cordons, non rogné (*Couvert.*).

Edition originale.

Un des **40** exemplaires imprimés sur **papier de Hollande** portant sur un feuillet de garde, l'envoi suivant, autographe de l'auteur :

Au poète Robert Scheffer
J'offre sur un plateau de fer
Ces roses d'un céleste enfer.

Pierre Louÿs.

Jolie lettre autographe de Pierre Louÿs à Robert Scheffer, ajoutée ; elle est relative à l'exemplaire.

2019. Les Chansons de Bilitis, traduites du grec, pour la première fois, par P. L. (Pierre Louÿs). *Paris, Librairie de l'Art indépendant,* 1895, pet. in-4, broché.

Edition originale.

Un des **10** exemplaires (nº 1) imprimés sur **papier du Japon.**

2020. Pierre de Ronsard. Les Amours de Marie. Edition précédée d'une vie de Marie Dupin, par Pierre Louÿs. *Paris, Mercure de France,* 1897, in-16, broché.

Edition originale.

Exemplaire provenant d'une vente de charité, avec *une inscription autographe,* signée, de P. Louÿs sur le faux titre.

2021. La Femme et le Pantin, roman espagnol, orné d'une reproduction en héliogravure du *Pantin,* de Goya. *Paris, Mercure de France,* 1898, in-8, broché.

Edition originale.

Un des **9** exemplaires imprimés sur **papier du Japon.**

2022. Byblis changée en fontaine. Illustrations de J. Wagrez. *Paris, Borel,* 1898, in-32, broché.

Edition originale.

Un des **50** exemplaires imprimés sur **papier de Chine.**

2023. Une Volupté nouvelle. Illustrations de L. Marold et J. Dedina. *Paris, Borel,* 1899, in-32, broché.

Edition originale.

Un des **50** exemplaires imprimés sur **papier du Japon.**

2024. Une Volupté nouvelle. *Paris, Borel,* 1899, in-32, cartonn., dos et coins de veau bleu, non rogné, couvert. (*Carayon*).

Même édition.
Un des **50** exemplaires imprimés sur **papier de Chine.**

2025. L'Homme de pourpre. Illustrations de F. Schmidt. *Paris, Borel,* 1901, in-16, broché.

Edition originale.
Un des quelques exemplaires imprimés sur **papier du Japon.**

2026. Les Aventures du roi Pausole. *Paris, Fasquelle,* 1901, in-8, broché.

Edition originale.
Un des **50** exemplaires imprimés sur **papier de Hollande.**

2027. Sanguines. *Paris, Fasquelle,* 1903, in-12, broché.

Edition originale.
Un des **15** exemplaires imprimés sur **papier du Japon.**

2028. Archipel. *Paris, Fasquelle,* 1906, in-12, cartonn. demi-vélin blanc, non rogné (*Couvert.*).

Edition originale.
Sur le faux titre, *envoi autographe* de l'auteur à Alexandre Luigini, avec deux lignes de musique notée.

2029. Archipel. *Paris, Fasquelle,* 1906, in-12, broché.

Edition originale.
Un des **15** exemplaires imprimés sur **papier du Japon.**

2030. Lettre autographe, signée, de Pierre Louÿs, 2 pag. in-8.

Relative à des renseignements bibliographiques erronés accompagnant un volume que lui avait envoyé son correspondant.

2031. LOYSON-BRIDET. Mœurs des Diurnales, traité de journalisme. *Paris, Mercure de France,* 1903, in-12, broché.

Edition originale.
Un des **12** exemplaires imprimés sur **papier de Hollande.**

2032. LURINE (Louis). Histoire de Napoléon racontée aux enfants petits et grands, illustrée de 80 dessins de Markl, gravés par Brugnot. *Paris, G. Kugelmann*, 1844, in-16, broché.

24 figures hors texte et vignettes dans le texte, le tout gravé sur bois. PREMIER TIRAGE.

2033. LURINE (Louis). Le Treizième arrondissement de Paris. *Paris, Lamiche*, 1850, in-8, front. et vignettes, broché.

EDITION ORIGINALE, ornée de vignettes dans le texte, gravées sur bois.

MAETERLINCK (Maurice).

2034. Les Aveugles. *Bruxelles, Lacomblez, s. d.* (1890), in-16, cartonn. demi-mar. rouge, tête dor., non rogné, couverture (*Canape*).

EDITION ORIGINALE, tirée à 150 exemplaires.

Envoi autographe de l'auteur sur le faux titre ; le nom du destinataire a été gratté.

2035. L'Ornement des noces spirituelles, de Ruysbroeck l'admirable, traduit du flamand et accompagné d'une introduction par Maurice Maeterlinck. *Bruxelles, Paul Lacomblez*, 1891, in-12, cartonn. papier bleu, non rogné.

EDITION ORIGINALE.

2036. Les sept Princesses. *Bruxelles, Lacomblez*, 1891, in-12, cartonn. papier bleu, non rogné.

EDITION ORIGINALE.

2037. Annabella ('Tis pity she's a whore), drame en cinq actes de John Ford, traduit et adapté pour le théâtre de l'*Œuvre*, par Maurice Maeterlinck. *Paris, Ollendorff*, 1895, in-12, broché.

EDITION ORIGINALE.

2038. Monna Vanna, pièce en trois actes, représentée au théâtre de « L'Œuvre », le 17 mai 1902. *Paris, Fasquelle*, 1902, in-12, broché.

EDITION ORIGINALE.

2039. Joyzelle, pièce en cinq actes. *Paris, Fasquelle*, 1903. in-12, broché.

EDITION ORIGINALE.

Un des **25** exemplaires imprimés sur **papier de Hollande**.

2040. Le double jardin. *Paris, Fasquelle,* 1904, in-12, broché.

Edition originale.
Un des 10 exemplaires imprimés sur **papier du Japon.**

2041. Le double jardin. *Paris, Fasquelle,* 1904, in-12, broché.

Edition originale.
Un des 25 exemplaires imprimés sur **papier de Hollande.**

2042. L'Intelligence des fleurs. *Paris, Fasquelle,* 1907, in-12, broché.

Edition originale.

2043. La Mort. *Paris, Fasquelle,* 1913, in-12, broché.

Edition originale.

2044. MAILLARD (Firmin). Les derniers bohèmes, Henri Murger et son temps. *Paris, Sartorius,* 1874, in-12, broché.

Edition originale.

2045. MAILLARD (Léon). La Lutte idéale, les soirs de la Plume. Préface de Aurelien Scholl, 94 portraits par Cazals, Balluriau, Fau, etc. *Paris, P. Sevin, s. d.* (1892), in-12, broché.

Edition originale.
Un des 12 exemplaires imprimés sur **papier du Japon.**

MAINDRON (Maurice).

2046. Le Tournoi de Vauplassans. *Paris, Plon, Nourrit et Cie, s. d.* (1895), in-12, broché.

Edition originale.

2047. Monsieur de Clérambon. *Paris, Fasquelle,* 1904, in-12, broché.

Edition originale.

2048. L'Arbre de science, roman moderne. *Paris, Lemerre,* 1906, in-12, broché.

Edition originale.
Un des 25 exemplaires imprimés sur **papier de Hollande.**

2049. L'Arbre de science, roman moderne. *Paris, Lemerre,* 1906, in-12, broché.

ÉDITION ORIGINALE.
Sur le faux titre, *envoi autographe* de l'auteur à Ferdinand Brunetière.

2050. Le Carquois. *Paris, Fasquelle,* 1907, in-12, broché.

ÉDITION ORIGINALE.
Un des 20 exemplaires imprimés sur **papier de Hollande.**

2051. Dans l'Inde du sud (Le Coromandel. Le Carnatic. Le Maduré). *Paris, Lemerre,* 1907-1909, 2 vol. in-12, brochés.

ÉDITION ORIGINALE.
Un des 30 exemplaires imprimés sur **papier de Hollande**

2052. La Gardienne de l'Idole noire. *Paris, Lemerre,* 1910, in-12, broché.

ÉDITION ORIGINALE.
Un des 30 exemplaires imprimés sur **papier de Hollande.**

2053. Dariolette, roman. *Paris, Lemerre,* 1912, in-12, broché.

ÉDITION ORIGINALE.
Un des 5 exemplaires imprimés sur **papier du Japon.**

2054. L'Incomparable Florimond, mœurs du temps de Louis XIII. *Paris, Lemerre,* 1912, in-12, broché.

ÉDITION ORIGINALE.

MALLARMÉ (Stéphane).

2055. L'Après-midi d'un faune, églogue, avec frontispice, fleurons et cul-de-lampe. *Paris, Alphonse Derenne,* 1876, plaquette pet. in-4, brochée.

ÉDITION ORIGINALE, illustrations de *Manet.*
Exemplaire d'Edouard Dujardin contenant sur le feuillet de garde **un quatrain autographe** de Mallarmé.

2056. L'Après-midi d'un faune, églogue. Nouvelle édition avec frontispice, ex-libris, fleurons et culs-de-lampe par Manet. *Paris, Vanier,* 1887, plaquette, in-8, papier du Japon, de 16 pages, brochée.

On y a ajouté 8 *lettres autographes* de Mallarmé et 2 de Vanier relatives à cette édition et à d'autres ouvrages de Mallarmé.

2057. Les Dieux antiques, nouvelle mythologie illustrée d'après George W. Cox et les travaux de la science moderne, à l'usage des lycées, pensionnats, écoles et gens du monde, ouvrage orné de 200 vignettes. *Paris, Rothschild,* 1880, in-8, cartonn. dos et coins de toile grise, non rogné, couverture (*Durvand*).

Edition originale.

2058. Mme W. C. Elphinstone Hope. L'Etoile des fées, traduction de l'anglais par Stéphane Mallarmé, illustrations de John Laurent. *Paris, Charpentier,* 1881, pet. in-4, broché.

Edition originale de cette traduction.

2059. Poésies de Stéphane Mallarmé, manuscrit in-fol. de 68 pages, dos et coins de vélin blanc.

Manuscrit autographe qui a servi a établir l'édition photolithogravée donnée en 1887 par la *Revue indépendante* (numéro suivant). On y a ajouté une épreuve de la planche (ex-libris) de Rops : *la Femme à la lyre* portant les marques.

Les poésies sont remontées avec soin sur papier du Japon de format in-folio.

2060. Les Poésies de Stéphane Mallarmé photolithogravées, du manuscrit définitif, à 40 exemplaires numérotés plus 7 exemplaires (A à G) non mis en vente et une épreuve justification de la radiation des planches, avec un ex-libris gravé par Félicien Rops, *Paris, Editions de la Revue indépendante,* 1887, 9 fascicules en un vol. in-4, vélin blanc à recouvrem., tête dor., non rogné (*Couvertures*).

Exemplaire n° 29 auquel on a ajouté **1 sonnet autographe**, signé de S. Mallarmé : *Le Pitre chatié* qui est reproduit dans le volume.

2061. Traduction française de M. Stéphane Mallarmé. Le « ten o'clock » de M. Whistler. *Londres, Paris,* 1888, in-16, broché.

Plaquette publiée par la Librairie de la *Revue indépendante.*

2062. Les Poèmes d'Edgar Poe. Traduction de Stéphane Mallarmé, avec portrait et fleuron par Edouard Manet. *Bruxelles, Deman,* 1888, gr. in-8, papier de Hollande, dos et coins de mar. brun, tête dor., non rogné, couverture (*Claessens*).

Edition originale.

2063. Villiers de l'Isle-Adam. Conférence. *Paris, Lib. de l'Art indépendant,* 1890, in-8, dos et coins de mar. rose, tête dor., non rogné (*David*).

Edition originale, tirée à 50 exemplaires.

Exemplaire d'auteur auquel on a ajouté *une lettre autographe* de Mallarmé.

2064. Villiers de l'Isle-Adam. Conférence. *Paris, Libr. de l'Art indépendant,* 1890, in-8, broché.

Edition originale, tirée à 50 exemplaires.

Un des 45 exemplaires imprimés sur papier de Hollande.

On y a ajouté 2 *jolies lettres autographes* de Mallarmé à Villiers de l'Isle-Adam.

2065. Villiers de l'Isle-Adam, avec portrait gravé par Marcellin Desboutin. *Bruxelles, Lacomblez,* 1892, in-16, broché.

Réimpression de la Conférence précédente.

Un des **10** exemplaires imprimés sur **papier du Japon,** contenant le portrait en deux états.

2066. Pages. Avec un frontispice à l'eau-forte par Renoir. *A Bruxelles, chez l'éditeur Edmond Deman,* 1891, in-4, dos et coins de mar. olive, tête dor., non rogné, couverture (*Allo*).

Un des **50** exemplaires imprimés sur **papier du Japon** contenant le frontispice de Renoir en deux états.

2067. Oxford, Cambridge. La Musique et les lettres. *Paris, Perrin et Cie*, 1895, in-12, broché.

Edition originale.

2068. Berthe Morisot (Madame Eugène Manet), avec portrait photogravé d'après Edouard Manet. Préface par Stéphane Mallarmé. Exposition de son œuvre du 5 au 21 mars 1896 chez Durand-Ruel, pet. in-4, broché.

2069. *Le Pitre chatié,* sonnet autographe de Stéphane Mallarmé, page in-4.

Sonnet non signé.

2070. Lettre autographe, signée, de Mallarmé, 3 pag. in-16.

Lettre relative à une édition d'*Axel,* de Villiers de l'Isle-Adam, que Vanier devait publier. Le nom du destinataire de la lettre a été gratté.

2071. MANUEL (Eugène). Pages intimes, poésies. *Paris, Michel Lévy frères*, 1866, in-12, broché.

Edition originale du premier ouvrage de Manuel.

Sur le faux titre, *envoi autographe* de l'auteur à Claye, l'imprimeur du volume.

MAQUET (Auguste).

2072. La belle Gabrielle, drame en cinq actes et dix tableaux. *Paris, Michel Lévy frères*, 1857, in-12, broché.

Edition originale.

Exemplaire imprimé sur **papier jonquille.**

2073. Dettes de cœur, pièce en cinq actes, en prose. *Paris, Librairie théâtrale*, 1859, in-12, broché.

Edition originale.

Exemplaire imprimé sur **papier vert.**

2074. L'Envers et l'endroit. *Paris, Michel Lévy frères*, 1862-1863, 2 vol. in-12, brochés.

Edition originale.

Un des quelques exemplaires imprimés sur **papier de Hollande.**

2075. Le beau d'Angennes. *Paris, Michel Lévy frères*, 1864, in-12, broché.

Edition originale.

Exemplaire imprimé sur **grand papier vélin.**

2076. 3 lettres autographes, signées, d'Auguste Maquet à Paul Foucher. Ens. 6 pag. in-8.

Lettres littéraires relatives à des pièces dramatiques.

2077. Lettre autographe, signée, d'Auguste Maquet à son collaborateur Alexandre Dumas, 3 pag. in-8.

Relative à ses droits d'auteur sur *Ange Pitou* et à ceux de Michel Lévy sur *Catilina.*

MARGUERITTE (Paul et Victor).

2078. Pierrot assassin de sa femme, pantomime. Préface de Fernand Beissier. *Paris, Schmidt,* 1882, plaq. in-12, brochée.

Edition originale.
Envoi autographe des auteurs à Villiers de l'Isle Adam, sur la couverture.

2079. Mon Père. *Paris, Paul Schmidt,* 1884, in-12, broché.

Edition originale.
Envoi autographe des auteurs sur le feuillet de garde.

2080. Amants, roman contemporain. *Paris, Ernest Kolb, s. d.* (1890), in-12, broché.

Edition originale.
Un des rares exemplaires sur **papier de Hollande.**

2081. Sur le Retour, roman. *Paris, Kolb, s. d.* (1892), in-12, broché.

Edition originale.
Un des quelques exemplaires imprimés sur **papier de Hollande.**

2082. La Mouche. *Paris, Lecène, Oudin et Cie*, 1893, in-12, broché.

Edition originale.
Un des quelques exemplaires sur **papier de Hollande.**

2083. La Tourmente. *Paris, Ernest Kolb, s. d.* (1893), in-12, broché.

Edition originale.
Un des quelques exemplaires imprimés sur **papier du Japon.**

2084. Ma Grande. *Paris. Kolb, s. d.* (1893), in-12, broché.

Première édition in-12.
Exemplaire imprimé sur **papier de Hollande.**

2085. L'Eau qui dort. *Paris, Armand Colin et Cie*, 1896, in-12, broché.

Edition originale.
Un des **10** exemplaires imprimés sur **papier de Hollande.**
On y a ajouté *une lettre autographe* de Paul Margueritte.

2086. Femmes nouvelles. *Paris, E. Plon, Nourrit et Cie*, *s. d.* (1899), in-12, broché.

Edition originale.
Un des 50 exemplaires imprimés sur **papier de Hollande.**

2087. Zette (Histoire d'une petite fille). *Paris, Plon, Nourrit et Cie*, *s. d.* (1903), in-12, broché.

Edition originale.
Exemplaire imprimé sur **papier de Hollande.**

2088. Le Prisme. *Paris, Plon-Nourrit et Cie*, *s. d.* (1905), in-12, broché.

Edition originale.
Un des 50 exemplaires imprimés sur **papier de Hollande.**

2089. Le Jardin du Roi. *Paris, Plon-Nourrit et Cie*, *s. d.* (1902), in-12, broché.

Edition originale.
Un des 50 exemplaires imprimés sur **papier de Hollande.**

2090. MARIÉTON (Paul). Une Histoire d'amour, George Sand et A. de Musset. Documents inédits, lettres de Musset. *Paris, Havard fils*, 1897, in-12, broché.

Edition originale.
Un des quelques exemplaires imprimés sur **papier du Japon.**

2091. MARIÉTON (Paul). Une Histoire d'amour, même édition, in-12, broché.

Exemplaire imprimé sur **papier rouge.**

2092. MARMIER (X.). Études sur Goethe. *Paris, Levrault*, 1835, in-8, veau fauve, fil., non rogné (*Bauzonnet*).

Edition originale.

2093. MARMIER (X.). Théâtre de Goethe, traduction nouvelle, revue, corrigée et augmentée de notices et d'une préface, par M. X. Marmier. *Paris, Charpentier*, 1839, in-12, veau fauve, fil., non rogné (*Bauzonnet*).

Exemplaire du baron Taylor.

2094. MARTEAU (Amédée). Satires, avec un frontispice dessiné et gravé par Bracquemond. *Paris, Poulet-Malassis et De Broise*, 1861 in-8, dos et coins de mar. La Vall., non rogné, couverture (*Champs*).

EDITION ORIGINALE.

On y a ajouté *deux lettres autographes* d'A. Marteau aux éditeurs relatives au volume.

2095. MARTIN (Alexis). Les Débuts de Corneille, comédie en un acte, en vers, à-propos pour l'anniversaire de la naissance de Corneille, 1888. Pet. in-4 de 23 pag., cart. toile grise.

Manuscrit autographe qui a servi en 1888 à l'impression de cette pièce chez Lemerre en une plaquette in-12 ornée de 4 eaux-fortes.

On a ajouté au manuscrit les 4 eaux-fortes tirées sur Chine.

2096. MARTIN (Henri). Au profit des Polonais. Vercingétorix, étude lue à la salle Barthélemy le mercredi 16 mars 1864, par Henri Martin. *Paris, Furne et Cie*, 1864, in-12, de 35 pag. — Vercingétorix, drame héroïque en cinq actes et en vers. *Ibid., id.*, 1865, in-8. — Ens. 2 vol., le premier cartonné, non rogné, et le second, broché.

EDITIONS ORIGINALES.

Envoi autographe de l'auteur à chaque volume.

2097. MARY-LAFON. Silvio ou le Boudoir, par Mary-Lafon. *Paris, Baudouin*, 1835, in-8, broché.

EDITION ORIGINALE, ornée d'un frontispice gravé à l'eau-forte et d'une lithographie hors texte.

2098. MARY-LAFON. Le Consul de Montauban, tradition populaire, 16 pag., pet. in-4, obl.

Manuscrit autographe, signé, d'une nouvelle de Mary-Lafon. Il a servi pour l'impression.

2099. MATHILDE (Mme la princesse). Histoire d'un chien. (A la fin :) Janvier 1876, pet. in-4, papier vélin, broché.

Imprimé par Claye à très petit nombre (53 exemplaires d'après le *Bulletin* de la Librairie Morgand, n° 15844) et non mis dans le commerce.

Sur le feuillet de garde, *envoi autographe* de la princesse.

2100. MAUCLAIR (Camille). De Watteau à Whistler. *Paris, Fasquelle*, 1905, in-12, broché.

Edition originale.
Un des 5 exemplaires imprimés sur **papier de Hollande.**

MAUPASSANT (Guy de).

2101. Histoire du vieux temps, comédie en un acte et en vers. *Paris, Tresse*, 1879, plaquette in-8 de 16 pages, brochée.

Edition originale, tirée à petit nombre ; rare.

2102. Des Vers. *Paris, G. Charpentier*, 1880, in-12, cuir de Russie, fil. à froid, tr. dor., couverture (*Pouillet*).

Edition originale.
Un des 10 exemplaires imprimés sur **papier de Hollande.**
On y a ajouté *5 lettres autographes* de Maupassant à son éditeur Charpentier, toutes relatives au volume.

2103. Des Vers. *Paris, G. Charpentier*, 1880, in-12, cartonn. demi-toile verte, non rogné (*Couvert.*).

Edition originale.
Sur le feuillet de garde :

à Monsieur Sary
Directeur des Folies Bergère
Hommage de l'auteur.
Guy de Maupassant.

2104. Des Vers. *Paris, Victor Havard*, 1884, pet. in-12, dos et coins de mar. vert, fil., tête dor., non rogné (*Couvert.*).

Un des 20 exemplaires imprimés sur **papier de Chine.**

2105. La Maison Tellier. *Paris, Victor Havard*, 1881, in-12, cartonn., dos et coins de mar. brun, non rogné, couverture (*Durvand*).

Edition originale.
Un des 25 exemplaires imprimés sur **papier de Hollande**, très rares et très recherchés. On y a ajouté *une lettre autographe* (2 pages) de Maupassant à son éditeur; elle est relative à « Une partie de campagne » nouvelle contenue dans le volume.
Sur le faux titre, *envoi autographe* de Maupassant au docteur Mervy.

2106. Mlle Fifi. Eau-forte de Just. *Bruxelles, Henry Kistemaeckers,* 1882, in-18, mar. rose, comp. de fil., chiffre couronné sur les plats et le dos, tête dor., non rogné (*Couvert.*).

EDITION ORIGINALE.
Exemplaire imprimé sur **papier du Japon**; très rare.

2107. Mlle Fifi, nouveaux contes. *Paris, Victor Havard,* 1883, in-12, broché.

EDITION EN PARTIE ORIGINALE contenant onze contes nouveaux.
Un des **25** exemplaires imprimés sur **papier de Hollande.**

2108. Une Vie. *Paris, Victor Havard,* 1883, in-12, broché.

EDITION ORIGINALE.

2109. Contes de la Bécasse. *Paris, Rouveyre et Blond,* 1883, in-12, broché.

EDITION ORIGINALE.

2110. Au Soleil. *Paris, Victor-Havard,* 1884, in-12, demi-rel. veau fauve, tête dor., ébarbé (*Couvert.*).

EDITION ORIGINALE.
Sur le faux titre, *envoi autographe* de Guy de Maupassant à son ami Catulle Mendès.
On y a ajouté *une belle lettre autographe* (3 pages in-4) de Maupassant à ce dernier, réponse des plus curieuses à Catulle Mendès qui lui avait proposé de faire partie de la franc-maçonnerie, Maupassant donne les motifs de son refus en exposant largement ses idées relatives aux sociétés secrètes, aux religions et partis politiques.

2111. Bel-Ami. *Paris, Victor-Havard,* 1885, in-12, cartonn. demi-mar. grenat foncé, tête jasp., non rogné (*Couvert.*).

EDITION ORIGINALE.
Sur le faux titre, *envoi autographe* de G. de Maupassant à Gaston Carle.
On y a ajouté un *billet autographe* (2 pag.) de Maupassant.

2112. Bel-Ami, Cent trois illustrations de Ferdinand Bac. *Paris, Ollendorff,* 1895, gr. in-16, broché (*Couvert. illust.*).

Un des **75** exemplaires, imprimés sur **papier de Chine.**

2113. Clair de lune. *Paris, Ed. Monnier,* 1884, in-12, broché (*Couvert. illust.*).

EDITION ORIGINALE.

2114. Clair de lune. *Paris, Ollendorff*, 1888, in-12, cartonn. demi-mar. lilas, dos mosaïqué, tête dor., non rogné (*Couvert.*).

Édition en partie originale contenant cinq nouvelles de plus que la précédente.
Un des 20 exemplaires imprimés sur **papier de Hollande.**

2115. Au Soleil. *Paris, Victor Havard*, 1884, in-12. broché.

Édition originale.
Un des 50 exemplaires imprimés sur **papier de Hollande.**

2116. Les Sœurs Rondoli. *Paris, Ollendorff*, 1884, in-12, broché.

Édition originale.
Un des 50 exemplaires imprimés sur **papier de Hollande.**

2117. Miss Harriet. *Paris, Victor-Havard*, 1884, in-12, cartonn., dos et coins de mar. grenat foncé, non rogné, couverture (*Dodé*).

Édition originale.
Un des 50 exemplaires imprimés sur **papier de Hollande.**

2118. Toine, illustrations de Mesplès. *Paris, Marpon et Flammarion, s. d.* (1885), in-12, dos et coins de mar. bleu, tête dor., non rogné, couverture (*Pougetoux*).

Édition originale; couverture illustrée, en noir, datée de 1885.
Un des 50 exemplaires imprimés sur **papier de Hollande.**

2119. Yvette. *Paris, Victor-Havard*, 1885, in-12, broché.

Édition originale.

2120. Bel-Ami. *Paris, Imprimerie Dubuisson et Cie*, 1885, gr. in-8 à 2 col., cartonn., dos et coins de toile rouge, non rogné.

Édition originale, tirage à part du feuilleton du journal le *Gil Blas*, du 6 avril au 30 mai 1885.

2121. Bel-Ami. *Paris, Victor-Havard*, 1885, in-12, dos et coins de mar. grenat, tr. dor. sur témoins (*Couvert.*).

Première édition en librairie.
Papier de Hollande.

2122. Contes du jour et de la nuit. Illustrations de P. Cousturier. *Paris, Marpon et Flammarion, s. d.* (1885), in-12, dos et coins de mar. bleu, tête dor., non rogné, couverture illust. (*Pougetoux*).

Édition originale.
Un des 50 exemplaires imprimés sur **papier de Hollande.**

2123. Monsieur Parent. *Paris, Ollendorff*, 1886, in-12, broché.

Edition originale.

2124. La petite Roque. *Paris, Victor-Havard*, 1886, in-12, dos et coins de mar. rose, dos orné, tête dor., non rogné (*Couvert.*).

Edition originale.
Un des 50 exemplaires imprimés sur **papier de Hollande.**

2125. Mont-Oriol. *Paris, Victor-Havard*, 1887, in-12, broché.

Edition originale.
Exemplaire imprimé sur **papier de Hollande** auquel on a ajouté :
1° *Une lettre autographe* de Maupassant, de 2 pages.
2° *Une jolie lettre autographe* de Juliette Lamber (Mme Adam) relative à *Mont-Oriol.*

2126. Pierre et Jean, *Paris, Ollendorff*, 1888, in-12, broché.

Edition originale.
Un des 5 exemplaires imprimés sur **papier du Japon.**

2127. Pierre et Jean. *Paris, Ollendorff*, 1888, in-12, broché.

Edition originale.
Papier de Hollande.

2128. Le Rosier de Madame Husson. Illustrations par Habert Dys, eaux-fortes de E. Abot, d'après Desprès. *Paris, Maison Quantin*, 1888, pet. in-4, broché.

Edition originale.

2129. Le Rosier de Madame Husson. *Paris, Librairie moderne*, 1888, in-12, portrait ajouté, cartonn., dos et coins de mar. grenat foncé, non rogné, couverture illustrée (*Dodé*).

Edition en partie originale contenant treize nouvelles en plus du *Rosier de Madame Husson.*

2130. Le Rosier de Madame Husson, nouvelle édition revue. *Paris, Ollendorff*, 1900, in-12, broché.

Même édition que la précédente avec couverture, faux titre et titre nouveaux.
Un des 50 exemplaires imprimés sur **papier de Hollande.**

2131. Sur l'Eau. Dessins de Riou, gravure de Guillaume frères. *Paris, G. Marpon et Flammarion, s. d.* (1888), in-12, broché.

Edition originale.
On y a joint *une très intéressante lettre autographe* de Huysmans adressée

à Maupassant : « ... *Quant au bord de l'eau, ça rut formidablement dans de beaux vers...* »

2132. Fort comme la mort. *Paris, Ollendorff,* 1889, in-12, cartonn. demi-mar. brun, dos mosaïqué, tête dor. (*Couvert.*).

ÉDITION ORIGINALE.

Un des **100** exemplaires imprimés sur **papier de Hollande.**

2133. Note autographe, signée, de Guy de Maupassant parue dans le *Figaro* du 27 juillet 1891.

Note relative à son roman *Fort comme la mort*, pour lequel Guy de Maupassant avait été accusé de plagiat par Nicolas Brousse.

2134. La Main gauche. *Paris, Ollendorff,* 1889, in-12, broché.

ÉDITION ORIGINALE.

On y a ajouté *une lettre autographe* d'O. Mirbeau relative à ce volume et contenant une appréciation de la première nouvelle qu'il renferme « Allouma » ; nouvelle de Maupassant qui est peut-être celle que préférait Mirbeau.

2135. La Vie errante. *Paris, Ollendorff,* 1890, gr. in-16, carré, cartonn. demi-mar. vert foncé, dos mosaïqué, tête dor., non rogné, couverture illust. (*Meunier*).

ÉDITION ORIGINALE.

Un des **100** exemplaires imprimés sur **papier de Hollande.**

2136. Notre Cœur, in-8, cartonn. demi-toile grise, non rogné.

Fragments des livraisons des 15 mai, 1er et 15 juin 1890 de la *Revue des Deux-Mondes* contenant l'édition pré-originale de *Notre Cœur.*

2137. Notre Cœur. *Paris, Ollendorff,* 1890, in-12, broché.

ÉDITION ORIGINALE en librairie.

Papier de Hollande.

2138. L'Inutile Beauté. *Paris, Victor-Havard,* 1890, in-12, dos et coins de mar. orange, tête dor., non rogné, couverture (*Pougetoux*).

ÉDITION ORIGINALE.

Un des **50** exemplaires imprimés sur **papier de Hollande.**

2139. La Paix du Ménage, comédie en deux actes en prose. *Paris, Ollendorff,* 1893, in-12, broché.

ÉDITION ORIGINALE.

Papier de Hollande.

2140. Le Père Milon. contes inédits. *Paris, Ollendorff*, 1899, in-12, broché.

Edition originale.
Un des **75** exemplaires imprimés sur **papier de Hollande**.

2141. Le Colporteur. *Paris, Ollendorff*, 1900, in-12, broché.

Edition originale.
Papier de Hollande.

2142. *A mon ami Louis Le Poittevin sur son mariage*, poésie autographe, signée, de Guy de Maupassant, 4 pag. in-8.

Jolie pièce de 130 vers adressée à son cousin et ami Louis Le Poittevin. Elle est inédite.

2143. Correspondance de Guy de Maupassant avec M. et Mme Louis Le Poittevin, réunion de 33 lettres et billets autographes, signés, de Guy de Maupassant.

Correspondance amicale renfermant de nombreux renseignements intéressants sur Guy de Maupassant, sur son frère, la succession de son père et de sa mère, sur ses divers déplacements à Etretat, dans le midi de la France et en Italie.
On y a joint une intéressante lettre de L. Le Poittevin à Maupassant.

2144. Le Retour, par Guy de Maupassant, in-4 de 7 pag., cartonné en papier gris.

Manuscrit original, signé, de Guy de Maupassant ayant servi à l'impression de cette nouvelle dans le *Journal*. Cette nouvelle a été réimprimée en 1885 dans le volume *Yvette*.

2145. 2 lettres autographes, signées, de Guy de Maupassant, ensemble 6 pag. in-8.

Très curieuses lettres, non datées, à deux inconnues qui désiraient se rencontrer avec le célèbre écrivain.

2146. MAUPASSANT (Guy de) et Jacques NORMAND. Musotte, pièce en trois actes. *Paris, Ollendorff*, 1891, in-12, cartonn. toile grise, non rogné (*Couvert.*).

Edition originale.
Un des **50** exemplaires imprimés sur **papier de Hollande**.

2147. Oscar Méténier. Boule de suif, pièce en trois actes et quatre tableaux tirée de la nouvelle de Guy de Maupassant. *Paris, Ollendorff*, 1903, in-12, broché (*Couvert. illust.*).

Edition originale.
Un des **5** exemplaires imprimés sur **papier de Hollande**.

2148. MAURRAS (Charles). Les Amants de Venise, George Sand et Musset (avec deux portraits). *Paris, Fontemoing, s. d.* (1902), in-12, broché.

Edition originale.
Un des **10** exemplaires imprimés sur **papier de Hollande.**

2149. MEILHAC (Henri). La Sarabande du Cardinal, comédie en un acte. *Paris, Beck*, 1856. — Un Petit-fils de Mascarille, comédie en cinq actes. *Paris, Librairie nouvelle*, 1859. — L'Etincelle, comédie en un acte. *Paris, Michel Lévy frères*, 1861. — La Vertu de Célimène, comédie en cinq actes. *Paris, Beck*, 1861. — La Duchesse Martin, comédie en un acte. *Paris, Calmann Lévy*, 1884. — Ens. 5 pièces in-12, brochées.

Editions originales.

2150. MEILHAC (Henri). La Duchesse Martin, comédie en un acte. *Paris, Calmann Lévy*, 1884, in-12, broché.

Edition originale.
Un des **15** exemplaires imprimés sur **papier de Hollande.**
Envoi et deux lettres autographes de l'auteur à Ph. Gille.

2151. MEILHAC (Henri) et Ludovic HALÉVY. Comédies, vaudevilles, opéras-bouffes, etc. Réunion de 22 pièces in-12, brochées.

Le Menuet de Danaé, 1861. — Les Brebis de Panurge, 1863 (*Env. aut. des auteurs à Mlle Georges*). — La Clé de Metella, 1863 (*Envoi aut. des auteurs à Mlle Georges*). — Le Train de Minuit, 1863. — Les Curieuses, 1865. — La belle Hélène, 1865. — Le Photographe, 1865. — Tout pour les dames, 1867. — Fanny Lear, 1868. — Le Bouquet, 1868. — Tricoche et Cacolet, 1872. — Le Réveillon, 1872. — Les Sonnettes, 1873. — L'Ingénue, 1874. — La petite Marquise, 1874 (*Envoi aut. des auteurs sur le faux titre*). — La Boule, 1875. — La Cigale, 1877. — Le Petit Duc, 1878 (*Envoi aut. des auteurs sur le faux titre*). — Lolotte, 1879. — Le Mari de la débutante, 1879. — La Roussotte, 1881. — Nina la tueuse, par Henri Meilhac et J. Redelsperg, 1881.
Editions originales.

2152. MEILHAC (H.) et Ludovic HALÉVY. Froufrou, comédie en cinq actes. *Paris, Michel Lévy frères*, 1870, in-8, dos et coins de mar. lilas, fil., dos orné, tête dor., non rogné, couverture (*Ruban*).

Edition originale.

2153. MEILHAC (H.) et Ludovic HALÉVY. Le Réveillon, comédie en trois actes. *Paris, Michel Lévy frères*, 1872, in-12, cartonn. demi-mar. brun, non rogné.

Edition originale.
Un des **25** exemplaires imprimés sur **papier de Hollande** ; frontispice gravé à l'eau-forte par *Edm. Morin*, ajouté.
Envoi autographe des auteurs sur le feuillet de garde.

2154. MEILHAC (H.) et Ludovic HALÉVY. Toto chez Tata, comédie en un acte. *Paris, Michel Lévy frères*, 1873, in-12, broché.

Edition originale.
Un des **25** exemplaires imprimés sur **papier de Hollande.**

2155. MÉLANDRI et A. WILLETTE. Les Sœurs Hédouin. Trente-cinq lithographies hors texte. *Paris, Dentu*, 1892, in-12, broché.

Edition originale.
Exemplaire imprimé sur **papier du Japon.**

2156. MÉNARD (Louis). Lettres d'un mort. Opinions d'un païen sur la société moderne. *Paris, Lib. de l'Art indépendant*, 1895, in-12, broché.

Edition originale.

2157. MÉNARD (Louis). Rêveries d'un Païen mystique. Préface de Maurice Barrès. Portrait gravé à l'eau-forte par G. Noyon. *Paris, Durel*, 1909, in-8, broché.

Un des **20** exemplaires imprimés sur **papier de Chine,** contenant le portrait en deux états : avant et avec la lettre.

2158. MENDÈS (Catulle). La Grive des Vignes. *Paris, Charpentier et Fasquelle*, 1895, in-12, broché.

Edition originale.
Un des **15** exemplaires imprimés sur **papier de Hollande.**

2159. MENDÈS (Catulle). Philoméla, livre lyrique, avec une eau-forte de Bracquemond. *Paris, Hetzel*, 1863. — Hespérus, avec un dessin de Gustave Doré. *Paris, Lib. des bibliophiles*, 1872. — Contes épiques, avec une eau-forte de Claudius Popelin. *Ibid.*, *id.*, 1872. — Ens. 3 vol. in-12, brochés.

EDITIONS ORIGINALES.

2160. MENDÈS (Catulle). Glatigny, drame funambulesque en vers mêlé de chansons et de danses. *Paris, Eugène Fasquelle*, 1906, in-8, broché.

EDITION ORIGINALE.
Un des **15** exemplaires imprimés sur **papier du Japon.**

2161. MENDÈS (Catulle). *Sérénade morose*, odelette autographe, signée, de Catulle Mendès, 1 pag. in-fol.

Jolie pièce datée d'octobre 1876.

2162. MÉRAT (Albert). L'Idole. *Paris, Lemerre*, 1869, pet. in-12, broché.

EDITION ORIGINALE.
Un des **5** exemplaires imprimés sur **papier de Chine.**

2163. MÉRAT (Albert). Les trente-six quatrains à Madame. *Paris, chez l'auteur*, 1903. — Les trente-six dédicaces pour les trente-six quatrains à Madame. *Ibid.*, *id.*, 1903. — Ens. 2 plaq. in-16, brochées.

EDITIONS ORIGINALES.
La première plaquette est imprimée sur **papier de Hollande**, et la seconde, sur **papier de couleur.**
On y a joint : MÉRAT (A.). Printemps passé, poème parisien. *Paris, Lib. de l'eau-forte*, 1876, plaq. in-12, brochée.

2164. MERCIER (Louis). Le Poème de la Maison. *Paris, Calmann-Lévy, s. d.* (1906), in-12, broché.

EDITION ORIGINALE.
Un des **5** exemplaires imprimés sur **papier de Chine.**

2165. MERCŒUR (Mme Elisa). Poésies. *Nantes, Imprimerie de Mellinet-Malassis*, 1827, in-18, portrait lithog., cartonn. dos et coins de mar. bleu, non rogné, couverture (*Champs*).

EDITION ORIGINALE.
Sur le faux titre, *envoi autographe* de l'auteur à M. Dubois, directeur du journal *Le Globe.*

2166. MERCOEUR (Mme Elisa). *Souhaits à la France*, 1er janvier 1833, 2 pag. in-fol. — *A Madame Récamier, de l'Abbaye-au-Bois*, 1er janvier 1834, 1 pag. in-fol.

Deux poésies autographes, signées, de Mme Elisa Mercœur. La première est avec corrections et une avant-dernière strophe a été ajoutée à la suite de cette poésie par Mme Elisa Mercœur.

2167. MERCOEUR (Mme Elisa). 2 lettres autographes, signées, de Madame Elisa Mercœur, 2 pag. in-4.

La première, adressée au comte d'Argout, ministre du commerce, est une demande d'augmentation de sa pension. Elle est apostillée par Lacretelle, Etienne, Casimir Delavigne, Lebrun, Arnault, Pongerville, etc.

La seconde est une demande d'avance sur sa pension.

On y a joint :

1° A la première lettre, une lettre autographe de Viennet transmettant la pétition et faisant l'éloge du talent poétique d'Elisa Mercœur;

2° Le portrait d'Elisa Mercœur, petit dessin à la plume par elle-même ;

3° Une petite découpure représentant le tombeau d'Elisa Mercœur, collée sur un feuillet in-4 avec cette ligne autographe, signée, de Chateaubriand :

Tu dors pauvre Elisa, si légère d'années.

2168. MERCOEUR (Mme Elisa). Lettre autographe, signée, d'Elisa Mercœur à Madame Récamier, 3 pag. in-8.

Belle lettre priant Mme Récamier de remettre à Mme de Boigne les vers qu'elle a composés pour la Reine et qu'elle transcrit à la fin de sa lettre.

2169. MEREJKOWSKY (Dmitry). Pierre et Alexis. L'Antechrist, traduit du russe. *Paris, Calmann-Lévy, s. d.* (1904-1905), 2 vol. in-12, brochés,

EDITION ORIGINALE.

Un des **10** exemplaires imprimés sur **papier de Hollande.**

MÉRIMÉE (Prosper).

2170. La Guzla, ou choix de poésies illyriques, recueillies dans la Dalmatie, la Bosnie, la Croatie et l'Herzégowine. *A Paris, chez F.-G. Levrault*, 1827, in-18, cartonné.

EDITION ORIGINALE.

Exemplaire dans le cartonnage rose de l'éditeur, très frais.

2171. Théâtre de Clara Gazul, comédienne espagnole. *Paris. A. Sautelet et Cie*, 1825, in-8, broché.

Edition originale.
Bel exemplaire.

2172. Théâtre de Clara Gazul, nouvelle édition augmentée de deux pièces nouvelles. *Paris, H. Fournier*, 1830, in-8, broché.

Seconde édition en partie originale ; elle contient de plus que la première : *L'Occasion* et *Le Carrosse du Saint-Sacrement.*
Bel exemplaire.

2173. La Jaquerie, scènes féodales, suivies de la famille de Carvajal, drame, par l'auteur du Théâtre de Clara Gazul. *Paris, Brissot-Thivars*, 1828, in-8, broché.

Edition originale.
Bel exemplaire.

2174. La Jaquerie, scènes féodales, suivies de la Famille de Carvajal, drame. *Paris, Brissot-Thivars*, 1828, in-8, mar. rouge, jans., doublé de mar. bleu, filet, gardes de moire rouge, tr. dor. sur témoins (*Noulhac*).

Edition originale.

2175. 1572. Chronique du temps de Charles IX, par l'auteur du Théâtre de Clara Gazul. *Paris, Mesnier*, 1829, in-8, cartonn. demi-vélin blanc, non rogné, couverture (*Lemardeley*).

Edition originale.
On y a ajouté 3 vignettes d'*Edmond Morin*, épreuves sur Chine, de l'édition du livre publiée par la *Société des amis des livres.*

2176. La Double Méprise, par l'auteur du Théâtre de Clara Gazul. *Paris, Fournier*, 1833, in-8, dos et coins de mar. bleu, fil., dos plat orné de fil., non rogné, couverture et dos (*Durvand*).

Edition originale.
La couverture de cet exemplaire est jaune et porte sur le dos le titre de l'ouvrage.

2177. Mosaïque, par l'auteur du Théâtre de Clara Gazul. *Paris, H. Fournier jeune*, 1833, in-8, cartonn. demi-toile brune, non rogné.

Edition originale.

2178. Notes d'un voyage dans l'Ouest de la France, par Prosper Mérimée. *Paris, Fournier*, 1836, in-8, chag. grenat, fil., tr. dor.

EDITION ORIGINALE ornée de 7 planches lithographiées.
Envoi autographe de l'auteur sur le faux titre.

2179. Essai sur la guerre sociale, par P. Mérimée. *Paris, Typog. de Firmin Didot frères*, 1841, in-8, 3 planches, dos et coins de mar. violet foncé, tête dor., non rogné, couverture (*Allô*).

EDITION ORIGINALE, non mise dans le commerce et tirée à 150 exemplaires.
Bel exemplaire.

2180. Essai sur la guerre sociale par P. Mérimée. *Paris, Typog. de Firmin Didot frères*, 1841, in-8, mar. vert, encad, de fil. dor. et à froid, fleurons aux angles, dos orné, tr. dor. (*Ottmann*).

EDITION ORIGINALE ; *envoi autographe* de l'auteur à M. de Witte sur le faux titre.
Bonne reliure de l'époque.

2181. Colomba. *Paris, Magen et Comon*, 1841, in-8, dos et coins de mar. vert foncé, dos plat orné de filets, non rogné, couverture (*Champs*).

EDITION ORIGINALE.
Bel exemplaire, lavé et encollé.

2182. Études sur l'histoire romaine, par Prosper Mérimée. *Paris, Victor Magen*, 1844, 2 vol. in-8, brochés.

EDITION EN PARTIE ORIGINALE dont le premier volume est la réimpres-pression de l'*Essai sur la guerre sociale*.
Bel exemplaire non coupé.

2183. Carmen, par Prosper Mérimée. *Paris, Michel Lévy frères*, 1848, in-8, broché.

EDITION ORIGINALE.

2184. Mélanges historiques et littéraires, par Prosper Mérimée. *Paris, Michel Lévy frères*, 1855, in-12, cartonn. toile verte, non rogné (*Couvert.*).

EDITION ORIGINALE.
Un des très rares exemplaires imprimés sur **papier vélin fort**.

2185. H. B. par un des quarante (Prosper Mérimée). Avec un frontispice stupéfiant dessiné et gravé par S. P. Q. R. (Félicien Rops). *Eleutheropolis* (*Bruxelles, Imp. Biard*), 1864, pet. in-8, broché.

Troisième édition, ; elle a été publiée par Poulet-Malassis.

2186. Le Manuscrit du professeur Wittembach, in-8, demi-toile verte, non rogné.

Extrait de la livraison du 15 septembre 1869 de la *Revue des Deux-Mondes.*

2187. La Chambre bleue. Nouvelle dédiée à Mme de la Rhune. Biarritz, septembre 1866 [*Paris, imp. Jules Claye,* 1871], pet. in-8, mar. bleu, fil., dos orné, dent. int., tr. dor.

Edition originale, publiée par M. Ph. Burty sur le manuscrit autographe de Prosper Mérimée, trouvé dans les papiers des Tuileries et transcrit pour l'impératrice Eugénie.

Edition excessivement rare, la composition ayant été détruite après le tirage de trois exemplaires.

Exemplaire d'épreuves n'ayant pas de titre. Les pages 49-53 contenant la petite notice de P. Burty ont été reliées au commencement de la plaquette.

2188. La Chambre bleue, nouvelle écrite pour l'Impératrice Eugénie. Seconde édition augmentée, *France et Belgique, chez tous les libraires,* 1872, petit in-8. broché.

Dans cette édition, l'*Avertissement* est très augmenté d'indications intéressantes et d'une curieuse lettre d'envoi de Mérimée à l'impératrice Eugénie.

Exemplaire imprimé sur **papier vergé.**

2189. La Chambre bleue, nouvelle dédiée à Madame de la Rhune. *Bruxelles, Librairie de la place de la Monnaie,* 1872, in-8, dos et coins de mar. bleu, tête dor., non rogné, couverture (*Bretault*).

Exemplaire imprimé sur **papier de Hollande** ; on y a ajouté le tirage à part, sur Chine, de la vignette du titre. Ce tirage à part est signé de l'initiale M qui se trouvait sur l'aquarelle de Mérimée. Cette initiale a disparu sur le titre de l'ouvrage.

2190. Lettres à une inconnue, par Prosper Mérimée, précédées d'une Etude sur Mérimée par H. Taine. *Paris, Michel Lévy frères,* 1874, 2 vol. in-8, cartonn. demi-vélin vert, non rognés, couvertures (*Lemardeley*).

Edition originale.

Un des **10** exemplaires imprimés sur **papier de Hollande** auquel on a ajouté *une lettre autographe* de Mérimée, 2 pag. in-16.

2191. Portraits historiques et littéraires. *Paris, Michel Lévy frères*, 1874, in-12, broché.

Édition originale.

2192. Lettres de l'Inconnue. *Paris, Lemerre*, 1874, in-8, dos et coins de mar. vert, fil., dos orné, tête dor., non rogné (*Hardy*).

Édition originale de lettres attribuées à divers auteurs : J. M. Cournier, Jules Claye, Dr Cazin.

2193, Lettres à une autre inconnue. Avant-propos de H. Blaze de Bury. *Paris, Michel Lévy frères*, 1875, in-12, cartonn., dos et coins de toile bleue, non rogné (*Couvert.*).

Édition originale.
Un des 25 exemplaires imprimés sur **papier de Hollande**.

2194. Mateo Falcone, publié d'après le manuscrit autographe de l'auteur. *Paris, Charpentier*, 1876, in-8, de VIII-19 pag., dos et coins de mar. noir, tête dor., non rogné (*Allô*).

Plaquette tirée à 100 exemplaires sur papier Whatman, elle est ornée d'un portrait de Mérimée d'après une aquarelle ; 2 portraits sur Chine ajoutés.

2195. La Vie et l'œuvre de Cervantes, 1877, in-8, demi-toile verte, non rogné.

Extrait de la livraison du 15 décembre 1877 de la *Revue des Deux-Mondes*. Cette notice, qui précède l'édition de *Don Quichotte* publiée par Hetzel en 1878, est différente de la notice sur Cervantes publiée par Mérimée en 1826 (Edition de Sautelet, 1826, 6 vol. in-8).

2196. Lettres à M. Panizzi, 1850-1870, publiées par M. Louis Fagan, avec des portraits de Prosper Mérimée et de Panizzi. *Paris, Calmann Lévy*, 1881, 2 vol. in-8, brochés.

Édition originale.

2197. Prosper Mérimée. Une correspondance inédite, avertissement de Ferdinand Brunetière. *Paris, Calmann Lévy*, 1897, in-12, dos et coins mar. La Vall., tête dor., non rogné, couverture (*Mercier*).

Édition originale.

2198. Lettres inédites de Prosper Mérimée. *S. l. (Imp. Crepin-Leblond à Moulins)*, 1900, pet. in-8, broché.

Volume publié par M. Félix Chambon, non mis dans le commerce et tiré seulement à 42 exemplaires sur papier du Japon.

2199. Félix Chambon. Notes sur Prosper Mérimée. *Paris, aux frais de l'auteur (Librairie Dorbon aîné)*, 1902, pet. in-8, broché.

Tiré à 165 exemplaires. Celui-ci est un des **15** imprimés sur **papier du Japon.**

On y a ajouté le portrait de Mérimée, héliogravure d'après un dessin de *Rochard*, en TROIS états.

2200. Pièce autographe de Prosper Mérimée, 2 pag. 1/2, in-4.

Curieuse pièce que M. Lucien Pinvert cite ainsi, dans son travail *Sur Mérimée, notes bibliographiques et critiques*, pag. 59 : « ... C'est le canevas d'un dialogue entre lui et le possesseur d'une médaille de Jules César. Cet archéologue prudent, voulant montrer sa médaille à l'Empereur et craignant qu'on ne la lui vole, en arrivant à Compiègne l'a avalée. Mais l'Empereur ne perdra rien pour attendre. »

2201. Requête au ministre de l'Instruction publique relative au poinçonnage des objets d'or et d'argent exposés en vente publique, 2 pag. pet. in-fol.

Requête (du 15 janvier 1850) autographe de Mérimée signée par lui et les membres du comité : de Pastoret, de Lasteyrie, Lassus, Didron, Génin et de Guilhermy.

2202. Lettre autographe de Prosper Merimée au Maréchal Vaillant et projet de discours (30 Juin 1863) du Maréchal aux artistes, à propos d'une fête donnée pour rendre annuel le Salon, également autographe de Mérimée. Ens. 2 pag. 1/2 in-4 en 1 plaquette, cartonné.

La plaquette renferme une note autographe du maréchal Vaillant (1 p. 1/2 in-8) fragment de son discours et 2 pages autographiées relatives à la mort d'Horace Vernet dont le maréchal parla dans son discours.

2203. Lettre autographe, signée, de Mérimée à un ami, datée de Montpellier, 19 avril, 3 pag. in-8.

Très jolie lettre dans laquelle Mérimée parle longuement de sa maladie et du traitement que lui fait suivre son médecin de Montpellier. Il termine sa lettre par une curieuse traduction d'un passage d'Horace.

2204. 8 lettres autographes, signées, de Prosper Mérimée, à l'éditeur Charpentier.

Lettres écrites de 1840 à 1865, relatives à la traduction des œuvres de Poushkine, à divers ouvrages de Mérimée : *Chronique de Charles IX*, *don Pèdre*, etc. Dans une de ces lettres il réclame les *Vers immoraux*, d'Alfred de Musset, promis par Charpentier.

2205. Billet autographe de Mérimée à Alfred de Musset, 3 août 1846, 3/4 de pag. in-8.

Billet, signé P. M., annonçant à Alfred de Musset que l'Académie vient de lui accorder un prix.

2206. Lettre autographe, signée, de Prosper Mérimée, 10 Mai, 3 pag. in-8.

Belle lettre relative à une élection à l'Académie française. Mérimée indique les votants qui s'étaient divisés en trois groupes : partisans de George Sand, les Martinistes et les Burgraves.

MÉRY (Joseph).

2207. Le Bonnet vert, par J. Méry. *Paris, Boulland,* 1830, in-8, broché.

Edition originale.
Sur le titre, vignette de *Tony Johannot*, gravée sur bois par *Thompson*, répétée sur la couverture.

2208. Perles et Parures. Les Joyaux (et les Parures), fantaisie par Gavarni, texte par Méry, minéralogie des dames par le Cte Foelix. *Paris, G. de Gonet, s. d.* (1849-1850), 2 vol. gr. in-8, brochés.

Premier tirage ; les planches sont tirées, en noir, sur Chine monté.

2209. Perles et Parures, 2 vol. gr. in-8, toile noire avec plaque dorée et mosaïquée, tr. dor. (*Cartonn. de l'éditeur*).

Même édition.
Les planches sont coloriées, avec marges en dentelles.

2210, *Adieux des amis*, poésie autographe, signée, de Méry, 3 pag. 1/3 in-4.

Adieux à la Taglioni.
Poésie datée de Paris, 23 avril 1837.

2211. L'Univers et la maison, ou Doria, comédie en cinq actes, en vers par Méry (1846), pet. in-fol. de 83 ff., cartonn. demi-toile rouge.

Copie avec de nombreux changements. Les corrections et une page, à la fin du premier acte, sont autographes de Méry.
Ce manuscrit a été soumis au ministère le 5 octobre 1846 et enregistré le 13 octobre.

2212. *A Madame Mélanie Waldor de Villenave, Ecrit devant le buste de sa fille,* 5 ff. in-fol.

Manuscrit autographe d'une poésie de Méry, ayant servi pour l'impression.

2213. L'Apparition au bal, poésie autographe, signée, de Méry, 4 pag. in-4.

Jolie pièce à laquelle on a joint une lettre en vers, signée, 1 page in-4. Réponse à une invitation pour Marly.

2214. *Un Tableau du Titien (La Vierge et l'Enfant Jésus) gravé par Monsieur Pascal,* article autographe, signé, par Méry. Pet. in-fol. de 10 ff., cartonn. demi-toile rouge.

Manuscrit, avec ratures et corrections, ayant servi pour l'impression.

2215. *Une Société de tempérance,* manuscrit autographe, signé, de Méry, pet. in-fol. de 11 pag., cartonn. demi-toile rouge.

Manuscrit, avec ratures et corrections, ayant servi pour l'impression.

2216. Le Naufrage du Duroc, manuscrit autographe, signé, de Méry. Pet. in-fol. de 35 ff., cartonn. demi-toile rouge.

Manuscrit, avec ratures et corrections, ayant servi pour l'impression.

2217. *Prologue,* poésie autographe, signée, de Méry, pet. in-fol. de 5 pag., cartonn. demi-toile rouge.

Prologue pour l'inauguration de la nouvelle salle des Bouffes-parisiens, au passage Choiseul.

2218. 8 lettres autographes, signées, de Méry, 18 pag. in-8 et in-4.

Réunion intéressante de lettres littéraires adressées à Mme Mélanie Waldor, à Mme Victor Hugo (?), à son frère, à son collaborateur Barthélemy. — Lettre à Vidal, relative à une querelle du *Mistral* de Marseille avec le *Figaro*. — A un rédacteur de journal relative à un accident de chemin de fer dont il fut témoin, 15 août 1846.

2219. MERRILL (Stuart). Les Quatre saisons, poèmes. *Paris, Mercure de France,* 1900, in-12, broché.

Edition originale.
Un des **10** exemplaires imprimés sur **papier de Hollande.**

2220. MEYER (Arthur). Ce que je peux dire. *Paris, Plon-Nourrit et Cie*, 1912, in-12, broché.

Edition originale.
Un des **45** exemplaires imprimés sur **papier de Hollande.**

2221. MICHELET (Jules). L'Amour. *Paris, Hachette,* 1859. — La Femme. *Ibid., id.*, 1860. — Rome. *Paris, E. Flammarion,* 1891. Ens. 3 vol. in-12, brochés.

Editions originales.

2222. MICHELET (Jules). L'Insecte. Nouvelle édition illustrée de 140 vignettes sur bois dessinées par H. Giacomelli. *Paris, Hachette et Cie*; 1876, gr. in-8, broché.

Première édition illustrée.

2223. MICHELET (Jules). L'Oiseau, huitième édition, illustrée de 210 vignettes sur bois dessinées par H. Giacomelli. *Paris, Hachette et Cie*, 1867, gr. in-8, dos et coins de mar. rouge, jans., tête dor., ébarbé (*Couvert.*).

Premier tirage.
Exemplaire sur papier vélin teinté avec le texte encadré d'un double filet rouge.

2224. MICHELET (Jules). 7 lettres autographes, signées, de J. Michelet écrites à divers, de 1840 à 1859. Ens. 16 pag. in-8.

Relatives à sa collaboration au *Siècle* et à plusieurs de ses ouvrages.

2225. MICHELET (Victor-Emile). Figures d'évocateurs. *Paris, Figuière et Cie*, 1913, in-12, broché.

Edition originale.
Papier de Hollande.

2226. MILLAUD (Albert). Fantaisies de jeunesse, avec deux eaux-fortes de H. de Hem. *Paris, Librairie du Petit Journal,* 1866, in-8, dos et coins de mar. citron, fil., dos orné, tête dor., non rogné (*Pouget*).

Edition originale.
Envoi autographe de l'auteur à Méry, sur le faux titre.

2227. MILLEVOYE (Charles-Hubert). Les Bucoliques de Virgile, traduites en vers français, par Ch. Millevoye. *Paris, Nicolle*, 1809, in-18, cuir de Russie, filet doré, dent. et milieu à froid, dos orné, non rogné (*Ginain*).

Exemplaire interfolié, préparé pour une nouvelle édition et surchargé de **corrections autographes** de Millevoye.
Des bibliothèques de Charles Nodier et Renard.

2228. MILLEVOYE (Charles-Hubert). Lettre autographe, signée, de Millevoye à Laya, 13 novembre 1815, 2 pag. in-8.

Belle lettre relative à des affaires pécuniaires et à son poème *Alfred*, paru chez l'éditeur Eymery en 1815. Il demande franchement l'avis de Laya sur ce poème et serait heureux d'avoir quelques lignes de lui dans le *Moniteur*. Cette lettre est accompagnée de 2 pag. in-8, autographes de Millevoye : *Changemens et additions au poème* d'Alfred.

2229. MILLEVOYE (Charles-Hubert). Lettre autographe, signée, de Millevoye à Arnault, 6 octobre 1810, 1 pag. 1/2 in-4.

Jolie lettre relative à son poème : *Belzunce ou la peste de Marseille* paru pour la première fois en 1808, et qu'il a revu suivant les indications que lui a données Arnault.

2230. MIOMANDRE (Francis de). Ecrit sur de l'eau... roman. *Paris, Henri Falque, s. d.* (1908), in-8, broché.

Edition originale.
Ce roman a obtenu le prix de l'Académie des Goncourt, en 1908.

2231. MIOMANDRE (Francis de). Figures d'hier et d'aujourd'hui. *Paris, Dorbon aîné, s. d.*, pet. in-4, broché.

Edition originale.
Un des **12** exemplaires imprimés sur **papier du Japon**.

2232. MIOMANDRE (Francis de). Le Vent et la poussière. *Paris, Calmann-Lévy, s. d.* (1909), in-12, broché.

Édition originale.

2233. MIOMANDRE (Francis de). Gazelle (mémoires d'une tortue). *Paris, les Bibliophiles fantaisistes*, 1910, in-8, broché.

Edition originale.
Un des **20** exemplaires imprimés sur **papier du Japon**.

2234. MIOMANDRE (Francis de). Au bon soleil. *Paris, Calmann Lévy, s. d.* (1911), in-12, dos et coins de mar. rouge, fil., dos orné, tête dor., non rogné, couverture (*Durvand*).

Edition originale.
Un des **25** exemplaires imprimés sur **papier de Hollande**.

MIRBEAU (Octave).

2235. Lettres de ma Chaumière. *Paris, A. Laurent*, 1886, in-12, broché.

Edition originale.
Envoi autographe de l'auteur au marquis de Cherville sur le faux titre.

2236. Sébastien Roch, roman de mœurs. *Paris, Charpentier et Cie*, 1890, in-12, broché.

Edition originale.
Un des **25** exemplaires imprimés sur **papier de Hollande**.

2237. Sébastien Roch, roman de mœurs. Illustrations de H. G. Ibels. *Paris, Fasquelle*, 1906, in-12, broché.

Un des **6** exemplaires imprimés sur **papier de Chine** contenant un bois original de H. G. Ibels.

2238. Épidémie, pièce en un acte. *Paris, Fasquelle*, 1898, in-12, cartonn. toile grise, tête dor., non rogné, couverture (*Carayon*).

Edition originale.
Exemplaire imprimé sur **papier de Hollande**.

2239. Les Mauvais bergers, pièce en cinq actes. *Paris, Fasquelle*, 1898, in-12, broché.

Edition originale.
Un des **50** exemplaires imprimés sur **papier de Hollande**.

2240. Vieux Ménages, comédie en un acte. *Paris, Fasquelle,* 1901, in-12, broché.

ÉDITION ORIGINALE.
Un des **20** exemplaires imprimés sur **papier de Hollande.**
Envoi autographe de l'auteur à Emile Darce, sur le faux titre.

2241. Les Vingt et un jours d'un neurasthénique. *Paris, Fasquelle,* 1901, in-12, broché.

ÉDITION ORIGINALE.
Un des **30** exemplaires imprimés sur **papier de Hollande.**

2242. Le Portefeuille, comédie en un acte. *Paris, Fasquelle,* 1902, in-12, broché.

ÉDITION ORIGINALE.
Un des **20** exemplaires imprimés sur **papier de Hollande.**

2243. La Grève des Électeurs et Prélude. *Paris, au bureau des « Temps nouveaux »*, 1902, plaquette in-8 de 8 pages, brochée.

ÉDITION ORIGINALE.

2244. Les Affaires sont les affaires, comédie en trois actes. *Paris, Fasquelle,* 1903, in-12, broché.

ÉDITION ORIGINALE.
Un des **10** exemplaires imprimés sur **papier du Japon.**

2245. Farces et moralités. L'Épidémie. — Vieux ménage. — Le Portefeuille. — Les Amants. — Scrupules. — Interview. *Paris, Fasquelle,* 1904, in-12, broché.

ÉDITION EN PARTIE ORIGINALE.
Un des **20** exemplaires imprimés sur **papier de Hollande.**

2246. La 628-E8. Croquis marginaux de Pierre Bonnard. *Paris, Fasquelle,* 1908, pet. in-4, broché.

ÉDITION ORIGINALE.
Un des 25 exemplaires imprimés sur **papier du Japon.**

2247. Le Foyer, comédie en trois actes. Avec l'acte supprimé à la représentation. *Paris, Fasquelle,* 1909, in-12, broché.

ÉDITION ORIGINALE en librairie.
Un des **30** exemplaires imprimés sur **papier de Hollande.**

2248. Dingo. *Paris, Fasquelle*, 1913, in-12 réimposé in-8, **broché.**

EDITION ORIGINALE.
Papier de Hollande.

2249. *Un homme sensible*, nouvelle autographe, signée, d'Octave Mirbeau, 4 pag. pet. in-4 obl.

On y a joint *une lettre autographe*, signée, d'Octave Mirbeau (1 p. 1/4 in-8) dans laquelle il déclare être insensible aux attaques dont il est l'objet.

MISTRAL (Frédéric).

2250. MIRÈIO, pouèmo prouvençau de Federi Mistral (avec la traduction littérale en regard). *Avignon, Roumanille*, 1859, in-8, dos et coins de mar. bleu, fil. à froid, tête dor., non rogné.

EDITION ORIGINALE, rare.

2251. 2 lettres autographes, signées, de Mistral, 14 janvier 1860 et 30 mars 1864. Ens. 3 pag. in-16 et in-8.

Relatives à *Mireille.*

2252. Frederi Mistral. Calendau pouèmo nouvèu, traduction française en regard. *Avignon, Roumanille*, 1867, in-8, portrait, dos et coins de mar. bleu, fil. à froid, tête dor., non rogné.

EDITION ORIGINALE.

2253. Frederi Mistral. Lis Isclo d'or, recuei de pouesio diverso (traduction française en regard). *Avignon, Roumanille*, 1876, in-8, dos et coins de mar. bleu, fil. à froid, tête dor., non rogné.

EDITION ORIGINALE.

2254. Nerto, nouvello prouençalo. Avec la traduction française en regard. *Paris, Hachette et Cie*, 1884, pet. in-8, mar. orange, fil., dos orné, tr, dor. sur témoins, couverture (*Bretault*).

EDITION ORIGINALE.
Un des **100** exemplaires imprimés sur **papier du Japon.**

2255. La Genèsi, traducho en prouvençau, per Frederi Mistral. *Paris, Champion,* 1910, in-8, portrait, broché.

Edition originale.
Un des 25 exemplaires imprimés sur **papier de Hollande.**

2256. Lettre autographe, signée, de Mistral à Paul Arène, Maillane 7 janvier 1887, 3 pag. 1/2 in-8.

Jolie lettre; il remercie Arène de son envoi d'une cigale du Japon à Mme Mistral et lui parle longuement « du succès de nos farandoleurs danseurs d'olivettes et barbentanaises farouches ».

2257. MONNIER (Henry). Les Bas-fonds de la société, avec un frontispice du lundi dessiné et gravé par S. P. K. R. *Amsterdam,* 1864, in-12, papier vergé, dos et coins de mar. rouge, tête dor., non rogné.

Frontispice de *Rops* tiré sur Chine.

2258. MONNIER (Henry), Les Bourgeois de Paris, scènes comiques. *Paris, Charpentier,* 1854. — Mémoires de Monsieur Joseph Prudhomme. *Paris, Librairie nouvelle,* 1857. — Nouvelles scènes populaires. La Religion des imbéciles. *Paris, Collection Hetzel. E. Dentu, s. d.* (1861). — Paris et la province. *Paris, Garnier frères,* 1866. — Ens. 5 vol. in-12, brochés.

Editions originales.

2259. MONNIER (Henry). Lettre autographe d'Henry Monnier, 15 juin 1845, 1 pag. in-8.

Lettre intéressante sur Hippolyte Bellangé. Elle est signée *Prudhomme* avec toutes les fioritures inventées par Monnier pour la signature de son héros.

MONSELET (Charles).

2260. Marie et Ferdinand, poème. *Bordeaux, Ch. Lawalle,* 1842, in-8, de 24 pag., cartonn., dos et coins de toile grise, non rogné (*Couvert.*).

Edition originale, rare, du premier ouvrage de Monselet.

2261. Les Aveux d'un pamphlétaire. *Paris, Lecou,* 1854, in-18, broché.

EDITION ORIGINALE.

2262. Rétif de La Bretonne, sa vie et ses amours, documents inédits, ses malheurs, sa vieillesse et sa mort... Avec un beau portrait gravé par Nargeot et un fac-simile. *Paris, Alvarès fils,* 1854, in-12, dos et coins de chag. rouge, tête dor., non rogné.

EDITION ORIGINALE.

Un des **20** exemplaires imprimés sur **papier rose**; le portrait est en DEUX états.

2263. Rétif de La Bretonne, sa vie et ses amours. *Paris, Aubry,* 1858, in-12, dos et coins de mar. brun, tête dor., non rogné (*Brany*).

EDITION ORIGINALE avec un nouveau titre.

Exemplaire de M. Eugène Paillet, un des **40** imprimés sur **papier de Hollande**, portrait en DEUX états.

On y a ajouté *une belle lettre autographe* de Champfleury à Monselet relative au volume.

2264. Les Vignes du seigneur. *Paris, Lecou,* 1854, in-16, demi-chag. rouge, non rogné (*Couvert.*).

EDITION ORIGINALE imprimée en rouge.

Exemplaire de Charles Monselet qui a écrit sur un feuillet de garde une note reproduite par M. Vicaire dans son *Manuel.*

La couverture de cet exemplaire est différente de celle des autres; elle est imprimée en noir sur papier rouge.

2265. Les Oubliés et les dédaignés, figures de la fin du 18e siècle. *Alençon, Poulet-Malassis et De Broise,* 1857, 2 vol. in-12, dos et coins de mar. brun, fil., tête dor., non rognés, couverture (*Canape*).

EDITION ORIGINALE.

Bel exemplaire, un des **20** imprimés sur **papier de Hollande**.

2266. Les Tréteaux de Charles Monselet, avec un frontispice dessiné et gravé par Bracquemond. *Paris, Poulet-Malassis et De Broise,* 1859, in-12, demi-rel. mar. brun, tête dor., non rogné (*Lortic*).

EDITION ORIGINALE.

Exemplaire de Poulet-Malassis imprimé sur **papier de Hollande**; on y a ajouté une lettre autographe de Bracquemond, relative au frontispice du volume.

2267. Une Chansonnette des rues et des bois. *A Chaillot*, 1865. — Almanach des rues et des bois, citadin, champêtre et poétique pour 1866 (et 1867). *A Chaillot*, 1866-1867, 2 années. — La Quintessence des chansons de M. Vertigo, par un rapin de Pontoise. *Paris*, 1866. — 4 ouv. en un vol. in-32, cartonn. toile grise, non rogné, couvertures (*Berhends*).

Recueil provenant de la bibliothèque Arnauldet ; 3 pièces sont imprimées sur **papier jonquille.**

2268. Le Plaisir et l'amour. *Paris, Sartorius*, 1865, in-12, portrait, broché.

ÉDITION ORIGINALE.

Exemplaire de Charles Monselet avec son ex-libris ; c'est un des rares imprimés sur **papier de Hollande**.

2269. Les Créanciers, œuvre de vengeance, avec une cruelle eau-forte d'Émile Bénassit. *Paris, Pincebourde*, 1870, in-8. vélin blanc. non rogné (*Couvert.*).

Exemplaire de Paul de Saint-Victor, un des **25** imprimés sur **papier timbré** à 1 franc la feuille.

Le frontispice est en TROIS états : noir, bistre et sanguine, sur Chine et sur peau de vélin.

2270. Poésies complètes, avec un frontispice-portrait par Louis Chevalier, gravé à l'eau-forte par Lalauze. *Paris, Dentu*, 1880, in-12. mar. rouge, jans., tête dor., non rogné, couverture (*Cuzin*).

PREMIÈRE ÉDITION COLLECTIVE.

Exemplaire imprimé sur **papier de Hollande** contenant le frontispice en DEUX états.

2271. Petits Mémoires littéraires. *Paris, Charpentier et Cie*, 1885, in-12, demi-rel. mar. grenat. tête dor., non rogné (*Couvert.*).

ÉDITION ORIGINALE.

Un des **25** exemplaires imprimés sur **papier de Hollande**.

2272. Sonnet et petite poésie sur le bœuf gras, 2 pièces autographes, signées, de Charles Monselet.

La seconde pièce, provenant d'un album, est apostillée d'une petite note de La Fizelière et par Champfleury.

2273. 8 lettres autographes et projet de prospectus par Ch. Monselet (8 pages), en 1 vol. in-8, cartonn., toile orange.

Correspondance et prospectus relatifs au projet d'une *Bibliothèque du*

XVIIIe siècle. On y a ajouté un spécimen imprimé de ce prospectus chargé de corrections autographes de Monselet et de Poulet-Malassis.

De la bibliothèque de Poulet-Malassis.

2274. Album d'autographes adressés à Charles Monselet. Réunion de 78 pièces, montées sur bristol, en 1 vol. gr. in-8, cartonn., demi-mar. rouge.

Ce volume renferme :

1° 6 pièces ou lettres autographes de Monselet : *Mort du président Duranty*, devoir d'écolier, 3 pag. sign. — *La Jeunesse éveillée*, pièce en vers datée du 4 mars 1849. — *A M. de G***, qui m'avait envoyé des vers*, sonnet daté du 4 avril 1854. — Etc.

2° 13 lettres autog. d'Amédée Achard, G. Claudin, A. Pothey, Tony Révillon, etc., adressées à Monselet au moment de sa décoration en août 1866.

3° 32 lettres autographes adressées à Ch. Monselet par R. de Beauvoir, Paul Féval, A. Houssaye, E. d'Hervilly, Vitu, Michel Lévy, A. Faure, etc., etc.

4° 27 pièces de vers adressées à Charles Monselet par P. Blanchemain, Paul Bocage, A. Lionnet, A. J. Lorentz, J. Travers, M. Vaucaire, A. Vogué, etc., etc.

MONTESQUIOU-FEZENSAC (Cte Robert de).

2275. Les Chauves-souris, clairs-obscurs. *Paris, Richard,* 1893, pet. in-4, cartonn. demi-toile brune, non rogné (*Couvert.*).

Edition originale.

On y a ajouté *une lettre autographe* de l'auteur.

2276. Le Parcours du rêve au souvenir, avec un avant-propos de José-Maria de Heredia. *Paris, Charpentier et Fasquelle,* 1895. in-12, broché.

Edition originale.

Un des 20 exemplaires imprimés sur **papier de Hollande.**

2277. Les Hortensias bleus. *Paris, Charpentier et Fasquelle,* 1896. — Roseaux pensants. *Paris, Fasquelle,* 1897. — Les Perles rouges, 93 sonnets historiques. *Ibid., id.,* 1899. Ens. 3 vol. in-12, brochés.

Editions originales.

Envoi autographe de l'auteur au dernier volume.

2278. Les Perles rouges, 93 sonnets, avec quatre eaux-fortes inédites d'Albert Besnard. *Paris, Fasquelle*, 1899, in-4, mar. vert, le premier plat entièrement orné d'un grand motif pyrogravé et peint représentant un parc, lierre et perles rouges, doublé de mar. rouge, dent. à petits fers, tête dor., non rogné (*Couvert.*).

Edition de luxe tirée à 160 exemplaires. Celui-ci est un des 150 imprimés sur vélin de cuve.

2279. Professionnelles beautés. *Paris, Juven, s. d.* (1905), in-12, broché.

Edition originale.

Un des 25 exemplaires imprimés sur **papier de Hollande.**

2280. MONTIFAUD (Marc de). Les Romantiques. Dix portraits gravés de Eugène Delacroix, Victor Hugo, Alexandre Dumas, Théophile Gautier, Mme Dorval, Alfred de Musset, George Sand, Arsène Houssaye, Jules Janin, Balzac. *Paris, Librairie à estampes*, 1877, gr. in-8, cartonn., dos et coins de mar. vert, non rogné.

Exemplaire auquel on a ajouté 28 figures et portraits gravés ou lithographiés et **24 lettres autographes**, signées, de V. Hugo, Alex. Dumas, T. Gautier, Marie Dorval, F. Lemaître, G. Sand, A. Houssaye, J. Janin, Balzac, Gérard de Nerval, Lamartine, A. Karr, T. de Banville, A. de Vigny, E. Deschamps, A. Vacquerie, des peintres Eug. Delacroix, Ary Scheffer, Deveria, L. Boulanger, Decamps, Diaz et Corot.

2281. MOORE (Thomas). Les Amours des anges et les Mélodies irlandaises, traduction de l'anglais, par Mme Louise Sw. Belloc. *Paris, Chassériau*, 1823, in-8, portrait de T. Moore, lithog., mar. brun, fil., dos orné, tr. dor. (*Rel. de l'époque*).

Édition originale ; 6 fig. de *Stothard* et *Westall*, ajoutées.

2282. MOORE (Thomas). Mélodies irlandaises, traduites en vers français, par Henri Jousselin, précédées d'une préface par Jules Janin. *Paris, Maillet*, 1869, in-12, cartonn. demi-mar. bleu, non rogné, couverture (*Lemardeley*).

Edition originale de cette traduction.

Exemplaire imprimé sur **papier de Hollande**, contenant un huitain et une lettre autographes du traducteur adressés à M. Eugène Paillet.

MORÉAS (Jean).

2283. Les Syrtes. *Paris,* 1884, in-12, cartonn. demi-toile orange, non rogné, couverture (*Lemardeley*).

Edition originale, tirée à 124 exemplaires, non mis dans le commerce et portant la signature autographe de l'auteur.

2284. Les Cantilènes. Funérailles. — Interlude. — Assonances. — Cantiènes. — Le pur Concept. — Histoires merveilleuses. *Paris, Vanier,* 1886, in-12, broché.

Edition originale.

Sur le faux titre :

á mon cher Charles Vignier
son vieux.
Jean Moréas.

2285. Les premières armes du symbolisme. *Paris, Vanier,* 1889, plaquette in-12, de 51 pages, brochée.

Envoi autographe de l'auteur à Anatole France, sur le faux titre.
On y a ajouté *une lettre autographe* de Jean Moréas à l'éditeur Vanier.

2286. Le Pèlerin passionné. *Paris, Léon Vanier,* 1891, in-12, broché.

Edition originale.
Un des **12** exemplaires imprimés sur **papier du Japon**.

2287. Autant en emporte le vent (1886-1887). *Paris, Vanier,* 1893, in-12, broché.

Edition originale.
Exemplaire imprimé sur **papier de Hollande**.

2288. Eriphyle, poème suivi de quatre sylves. *Paris, Bibliothèque artistique et littéraire,* 1894, in-8, broché.

Edition originale.
Un des **10** exemplaires imprimés sur **papier Whatman**.

2289. Les Stances. Portrait par A. de la Gandara. *Paris, Editions de la Plume,* 1899, in-4, papier de Chine, broché.

Edition originale.
Edition autographiée, tirée à 100 exemplaires.

2290. Les Stances. IIIe, IVe, V^e^ et VIe livres. *Paris, Editions de la « Plume »*, 1901, gr. in-16, broché.

Un des **25** exemplaires imprimés sur **papier du Japon.**

2291. Feuillets. *Paris, Editions de la « Plume »*, 1902, pet. in-8, broché.

Edition originale.

Un des **15** exemplaires imprimés sur **papier de Hollande.**

2292. Iphigénie, tragédie en cinq actes. *Paris, Mercure de France*, 1904, in-12, broché.

Edition originale.

Un des **5** exemplaires imprimés sur **papier de Chine.**

2293. Iphigénie, tragédie en cinq actes. *Paris, Mercure de France*, 1904, in-18, broché.

Edition originale.

Un des **29** exemplaires imprimés sur **papier de Hollande.**

2294. Contes de la Vieille France. *Paris, Mercure de France*, 1904, in-12, broché.

Edition originale.

Un des **15** exemplaires imprimés sur **papier de Hollande.**

2295. Paysages et sentiments. *Paris, Sansot et Cie*, 1906, in-18, broché.

Edition originale.

Un des **12** exemplaires imprimés sur **papier de Hollande.**

2296. Premières poésies, 1883-1886. Les Syrtes, les Cantilènes. *Paris, Mercure de France*, 1907, in-12, broché.

Un des **12** exemplaires imprimés sur **papier de Hollande.**

2297. Poésies (1886-1896). Le Pèlerin passionné. — Enone au clair visage et Sylves. — Eriphyle et Sylves nouvelles. *Paris, Mercure de France*, 1907, in-12, broché.

Un des **12** exemplaires imprimés sur **papier de Hollande.**

2298. Esquisses et souvenirs. *Paris, Mercure de France*, 1908, in-12, broché.

Edition originale.

Un des **12** exemplaires imprimés sur **papier de Hollande.**

2299. Variations sur la Vie et les Livres. — Madame de La Fayette. — La Vallée-aux-Loups. — L'Epitaphe de Rabelais. — La Mort et l'Amitié. — Le Comédien. — Gœthe et Shakespeare. — Voltaire et la Tragédie. — *Paris, Mercure de France,* 1910, in-12, broché.

Edition originale.
Un des 19 exemplaires imprimés sur **papier de Hollande**.

2300. Réflexions sur quelques poètes. *Paris, Mercure de France,* 1912, in-12, broché.

Edition originale.
Un des 27 exemplaires imprimés sur **papier de Hollande**.

2301. Le Couronnement de Louis. Manuscrit pet. in-fol. de 14 pag., cartonn. demi-toile verte.

Manuscrit autographe de Moréas, signé de ses initiales.

2302. MORÉAS (Jean) et Paul ADAM. Les Demoiselles Goubert, mœurs de Paris. *Paris, Tresse et Stock,* 1886, in-12, broché.

Edition originale.
Un des 10 exemplaires imprimés sur **papier de Hollande**.

2303. MORÉAS (Jean) et Paul ADAM. Le Thé chez Miranda. *Paris, Tresse et Stock,* 1886, in-12, cartonn. toile rouge, non rogné (*Couvert.*).

Edition originale.
Envoi autographe des auteurs à Edmond de Goncourt sur le faux titre et signature autographe d'Edmond de Goncourt sur le feuillet de garde.

2304. MORÉAS (Jean) par Jean de GOURMONT. Biographie critique, illustrée d'un portrait-frontispice et d'un autographe, suivie d'opinions et d'une bibliographie. *Paris, Sansot et Cie,* 1905, in-12, broché.

Edition originale.
Un des 10 exemplaires imprimés sur **papier de Hollande**.

2305. MOREAU (Hégésippe). L'*Isolement, élégie à Mme****. Poésie autographe, signée, d'Hégésippe Moreau, 3 pag. in-fol.

Très belle pièce publiée dans le *Myosotis,* pag. 259-263.
Ce manuscrit offre quelques variantes avec l'imprimé.

2306. MORSANG (Alain) et Jean BESLIÈRE. La Mouette, roman. *Paris, Mercure de France,* 1903, in-12, broché.

ÉDITION ORIGINALE.

Exemplaire imprimé sur **papier de Hollande**, contenant *une longue dédicace autographe* des deux auteurs à José-Maria de Hérédia, auquel le livre est dédié.

2307. MOSELLY (Émile). [Émile Chénin]. Jean des Brebis, ou le Livre de la misère. *Paris, Cahiers de la quinzaine,* 1904, in-12, broché.

ÉDITION PRIMITIVE publiée par *Les Cahiers de la quinzaine*, 5° série, 1er mai 1904.

2308. MOSELLY (Émile). L'Aube fraternelle. — Les Retours. Les Haleurs. — Le Soldat, 2 vol. in-12, brochés.

ÉDITIONS PRIMITIVES, publiées par les *Cahiers de la quinzaine* en novembre 1902 et juillet 1906.

2309. MOSELLY (Émile). Terres lorraines, roman. *Paris, Plon-Nourrit et Cie, s. d.* (1907), in-12, broché.

ÉDITION ORIGINALE.

Exemplaire imprimé sur **papier de Hollande**.

Cet ouvrage a obtenu le prix Goncourt, en 1907.

2310. MOUREY (Gabriel). Les Brisants, roman. *Paris, Ollendorff,* 1896, in-12, dos et coins de mar. bleu, dos orné, tête dor., non rogné (*Canape*).

ÉDITION ORIGINALE.

Un des **9** exemplaires imprimés sur **papier de Hollande**.

2311. MULÉ (Antonin). Histoire de ma mort. *Paris, Poulet-Malassis,* 1862, in-12, mar. noir, filet à froid, coins ornés d'une tête de mort et de tibias argentés, chiffre, tr. argentées (*Smeers*).

ÉDITION ORIGINALE.

Exemplaire de Jules Janin avec son chiffre sur les plats de la reliure et *dédicace autographe* de l'auteur sur un feuillet blanc entre le faux titre et le titre.

2312. MUHLFELD (Lucien). Le mauvais désir, roman. *Paris, Ollendorff,* 1899, in-12, broché.

ÉDITION ORIGINALE.

Exemplaire imprimé sur **papier de Hollande**, contenant sur le faux titre *un envoi autographe* de l'auteur à Armand Silvestre.

2313. MUHLFELD (Lucien). La Carrière d'André Tourette. *Paris, Ollendorff,* 1900, in-12, broché.

EDITION ORIGINALE.
Un des 20 exemplaires imprimés sur **papier de Hollande.**

2314. MUHLFELD (Lucien). L'Associée, roman. *Paris, Ollendorff,* 1903, in-12, broché.

EDITION ORIGINALE.
Un des 20 exemplaires imprimés sur **papier de Hollande.**

2315. MULLER (Eugène). Histoire de mon village. I. La Mionette. Gravure de Léopold Flameng. *Paris, Alphonse Taride,* 1858, in-8, broché.

EDITION ORIGINALE, tirage à part à 200 exemplaires de la *Revue des races latines*, livraison de juillet 1858.

MURGER (Henry).

2316. Scènes de la Bohême, par Henry Murger. *Paris, Michel Lévy frères,* 1851, in-12, mar. bleu, filet, plats et dos ornés de fleurs mosaïquées, tr. dor. sur témoins, couverture (*Ch. Meunier*).

EDITION ORIGINALE.
Bel exemplaire.

2317. Scènes de la Bohême, par Henry Murger. *Paris, Michel Lévy frères,* 1851, in-12, broché.

EDITION ORIGINALE.

2318. La Vie de Bohême, illustrée par André Gill. *Paris, Librairie illustrée, s. d.,* gr. in-8, en 14 séries dans leurs couvertures.

PREMIÈRE ÉDITION ILLUSTRÉE ; les figures sont coloriées.

2319. La Vie de Bohême, pièce en 5 actes (en collaboration avec Th. Barrière). *Paris, Michel Lévy frères,* 1850. — Le Bonhomme Jadis, comédie en un acte. *Ibid., id.* 1852. — Le Serment d'Horace, comédie en un acte. *Ibid., id.,* 1861. — Ens. 3 pièces in-12, les 2 premières cartonn., la dernière brochée.

EDITIONS ORIGINALES.

2320. Lettre autographe, signée, d'H. Murger, 1 pag. 1/2 in-8.

Lettre adressée à Morin, directeur des Variétés et relative à la *Vie de Bohème*, pièce en cinq actes.

La lettre est également signée de Théodore Barrière, collaborateur de Murger pour cette pièce.

2321. Le Pays latin, par Henry Murger. *Paris, Michel Lévy frères*, 1853, in-12, dos et coins de mar. rouge, tête dor., non rogné (*Pougetoux*).

Edition originale, bien que le titre porte la date de 1853.

Un des très rares exemplaires imprimés sur **papier de Hollande**.

2322. Propos de ville et propos de théâtre. *Paris, Michel Lévy frères*, 1853, in-32, broché.

Edition originale.

2323. Le Roman de toutes les femmes, par Henry Murger. *Paris, Michel Lévy frères*, 1854, in-32, broché.

Edition originale.

2324. Ballades et fantaisies. *Paris, Michel Lévy frères*, 1854, in-32, broché.

Edition originale.

2325. Les Buveurs d'eau. *Paris, Michel Lévy frères*, 1855. — Scènes de campagne. Adeline Protat. *Ibid., id.*, 1856. — Le dernier rendez-vous. *Ibid., id.*, 1856. — Le Roman de toutes les femmes. *Ibid., id.*, 1859. — Madame Olympe. *Ibid., id.*, 1860. — Le Sabot rouge. *Ibid., id.*, 1860. — Le Roman du Capucin. *Paris, Librairie internationale*, 1869. — Dona Sirène. *Paris, Michel Lévy frères*, 1875. — Ens. 8 vol. in-12, brochés.

Editions originales pour sept volumes.

2326. Le Dessous du panier. *Paris, Michel Lévy frères*, 1855, in-32, broché.

Edition originale.

La couverture est verte et porte, comme celle indiquée par M. Vicaire : *Bibliothèque des voyageurs*.

2327. Les Nuits d'hiver, poésies complètes, suivies d'études sur Henry Murger par MM. Jules Janin, Théophile Gautier, P. A. Fiorentino, Arsène Houssaye, Paul de Saint-Victor. *Paris, Michel Lévy frères*, 1861, in-12, mar. bleu, fil., dos orné, tr. dor., couverture (*Reymann*).

Édition originale.

2328. *A Marie*, poésie autographe, signée, d'Henry Murger, 1 pag. in-8.

Poésie composée par Murger à l'âge de 17 ans; elle est datée du 28 septembre 1839. Elle est inédite :

« Oh parmi tous les noms celui que je préfère
« Est un nom original, un nom chéri des cieux. »

On y a joint :

Une belle page autographe, signée, d'Henry Murger sur la mort d'une jeune fille (Marie ?), in-4.

2329. 2 poésies autographes d'Henry Murger.

Calomnie, poésie de 9 quatrains, datée du 28 mars 1841.
La signature de Murger a été effacée.
Belle pièce dans laquelle Murger s'efforce de montrer qu'il s'est toujours conduit en galant homme.
Le Plongeur, sonnet, non signé, daté de février 1844. Fait partie de *Les Nuits d'hiver*.

2330. Vers à Ninon, poésie autographe d'Henry Murger, signée de ses initiales, 3 pag. in-4.

Jolie pièce, écrite en 1845, et qui a paru, avec de grands changements, dans *Les Nuits d'hiver*, pag. 7-10.

2331. La Ballade du désespéré, poésie autographe, signée, d'Henry Murger, 26 novembre 1859, 1 pag. in-4 à 2 col.

Cette poésie a paru dans *Les Nuits d'hiver*, avec trois strophes nouvelles à la fin. Dans notre pièce, la douzième strophe qui la termine ne se trouve pas dans l'imprimé.

2332. Correspondance d'Henry Murger avec son ami M. Léon Noël, de 1840 à 1845. Réunion de 20 lettres autographes, signées, de Murger, formant 55 pag. in-8 et in-4.

Correspondance des plus intéressantes, en grande partie littéraire et mélangée de curieux détails sur la vie de Murger et de ses amis de la *Bohême*.

Beaucoup de ces lettres sont ou en partie ou entièrement inédites.

2333. Lettre autographe, signée, de Murger, 1 pag. in-8.

Lettre à un critique le priant d'annoncer, dans un de ses feuilletons, *le Bonhomme jadis*, comédie qu'il vient de remettre au Gymnase.

2334. Lettres et pièces de vers autographes en 1 vol. pet. in-4, mar. rouge, jans., tête dor. (*Cuzin*).

Ce recueil contient :

1° Le portrait d'Henri Murger, gravé à l'eau-forte par *Staal*;

2° *Deux lettres autographes*, signées, l'une adressée à M. Vitu, président de la Société des gens de lettres, 1er février 1859. 1 p. 1/2 in-8, l'autre, aux membres du Comité de la même Société, 1 p. in-4. Demandes d'argent ;

3° *A une dame inconnue « demande d'audience »*. Pièce de vers autographe de 9 strophes, écrites à l'encre bleue sur le recto de 3 ff. ;

4° *Le testament*, pièce de vers autographe de 13 strophes, écrites à l'encre bleue sur le recto de 5 ff. Henry Murger devait être à l'hôpital lorsqu'il a composé cette pièce, car le 3e ff. contient au verso une ordonnance de médecin, datée du 21 janvier 1861.

2335. Henry Murger, par Théodore Pelloquet. Photographie par Pierre Petit. *Paris, Librairie nouvelle*, 1861, in-12, de 35 pag., demi-rel. toile grise, non rogné (*Couvert.*).

Édition originale.

2336. MUSÆUS. Contes populaires de l'Allemagne, traduits par A. Cerfberr de Médelsheim. Édition illustrée de 300 vignettes allemandes. *Paris, Gustave Havard*, 1846, 2 vol. pet. in-8, dos et coins de mar. brun, fil., dos orné, non rognés, couvertures illust. (*Champs*).

Premier tirage de ces illustrations gravées sur bois dans le texte.

2337. MUSÉE COMIQUE, toutes sortes de choses en images. *Paris, Aubert et Cie, s. d.* (1850), 20 numéros en 1 vol. in-4, dos et coins de toile rouge, non rogné.

Collection complète.

MUSSET (Alfred de).

2338. L'Anglais mangeur d'opium, traduit de l'anglais, par A. D. M. (Alfred de Musset). *Paris, Mame et Delaunay-Vallée*, 1828, in-12, veau vert, dent. à froid et dor., milieu orné d'une petite plaque à froid, dos orné, tr. marb.

ÉDITION ORIGINALE du premier ouvrage d'Alfred de Musset, paraphrase du roman anglais de Thomas de Quincey : *Confession of an english opium eater*. Elle est rare.

Bonne reliure romantique.

2339. L'Anglais mangeur d'opium, traduit de l'anglais par A. D. M. *Paris, Mame et Delaunay-Vallée*, 1828, in-12, mar. bleu, comp. de 20 filets entrelacés, dos orné de filets, doubl. de mar. La Vall., clair, tr. dor. sur témoins (*Thibaron-Joly*).

ÉDITION ORIGINALE.

Très joli exemplaire, richement relié sur brochure.

2340. Contes d'Espagne et d'Italie, par M. Alfred de Musset. *Paris, A. Levavasseur et Urbain Canel*, 1830, in-8, broché.

ÉDITION ORIGINALE ; la couverture est imprimée sur papier jaune.

2341. Un Spectacle dans un fauteuil, par Alfred de Musset. *Paris, Eugène Renduel*, 1833, 1 vol. — Un Spectacle dans un fauteuil, par Alfred de Musset. Prose. *Paris, Librairie de la Revue des deux-mondes, Londres, Baillière*, 1834, 2 vol. — Ens. 3 vol. in-8, mar. rouge, jans., dent. int., tr. dor. sur témoins (*Cuzin*).

ÉDITIONS ORIGINALES.

Beaux exemplaires.

2342. Un Spectacle dans un fauteuil, par Alfred de Musset. *Paris, Eugène Renduel*, 1833, in-8, mar. brun, comp. de filets entrelacés, non rogné (*De Samblanck-Weckesser*).

ÉDITION ORIGINALE du volume *Poésie*.

Bel exemplaire, avec la couverture, et relié sur brochure.

2343. La Confession d'un enfant du siècle, par Alfred de Musset. *Paris, Félix Bonnaire*, 1836, 2 vol. in-8, brochés.

ÉDITION ORIGINALE ; les couvertures qui sont récentes, ne sont pas imprimées.

2344. La Quenouille de Barberine, in-8, cartonn. demi-toile rouge, non rogné.

Livraison du 1er août 1835 de la *Revue des deux-mondes* contenant l'édition pré-originale de cette pièce. Elle est en deux actes comme dans l'édition collective de 1840, des *Comédies et proverbes*. Dans l'édition de 1853, cette comédie se compose de trois actes.

2345. Salon de 1836, par Alfred de Musset, in-8, cartonn. demi-toile rouge, non rogné.

Livraison de la *Revue des deux-mondes* du 15 avril 1836, contenant l'édition pré-originale de cet article de Musset.

2346. Les deux maitresses, par Alfred de Musset. — Frédéric et Bernerette, par Alfred de Musset. *Paris, Dumont*, 1840, 2 vol. in-8, cartonn. en papier, tr. jasp. (*Cartonn. de l'époque*).

Edition originale ; nombreux témoins.

2347. Comédies et proverbes. Editions pré-originales publiées dans la Revue des deux-mondes, 5 vol. in-8, cartonn. demi-toile rouge, non rognés.

Les Caprices de Marianne. Livraison du 15 mai 1833. — Le Chandelier. Livraison du 1er novembre 1835. — Il ne faut jurer de rien. Livraison du 1er juillet 1836. — Il faut qu'une porte soit ouverte ou fermée. Livraison du 1er novembre 1845. — Bettine. Livraison du 1er novembre 1851.

2348. Comédies et proverbes, par Alfred de Musset. *Paris, Charpentier*, 1840, in-12, cartonn., non rogné.

Première édition collective.

2349. Un Caprice, comédie en un acte. *Paris, Charpentier*, 1847. — André del Sarto, drame en deux actes. *Ibid., id.*, 1851. — Carmosine, comédie en trois actes. *Ibid., id.*, 1865. — Fantasio, comédie en trois actes. *Ibid., id.*, 1866. Ens. 4 pièces in-12, brochées.

Premières éditions séparées.

2350. Comédies et proverbes publiés par Charpentier, 11 vol. in-12, dos et coins de mar. rouge, tête dor., non rognés (*Lemardeley*).

Un Caprice, comédie, 1847 (Première édition séparée). — Le Chandelier, comédie, 1848 (Première éd. sép.). — Il ne faut jurer de rien, 1849. — Louison, comédie, 1849 (Edit. orig.). — Il faut qu'une porte soit ouverte ou fermée, proverbe, 1849. — Bettine, comédie, 1851 (Edit. orig.). — André del Sarto, drame, 1851 (Première éd. sép.). — Les Caprices de Marianne, comédie, é851 (Première éd. sép.). — On ne badine pas avec l'amour, comédie, 1861 (Première éd. sép.). — Carmosine, comédie, 1865 (Première éd. sép.). — Fantasio, comédie, 1866 (Première édit. sép.).

De la bibliothèque de M. Lebarbier de Tinan.

2351. Il faut qu'une porte soit ouverte ou fermée, proverbe par Alfred de Musset. *Paris, Charpentier,* 1848, in-12, broché.

Edition originale.

Exemplaire du souffleur Beuzeville, contenant sur le feuillet de garde l'indication de la mise en scène de cette pièce, en *neuf lignes autographes* de Musset.

2352. Nouvelles, par Alfred et Paul de Musset. *Paris, Victor Magen,* 1848, in-8, mar. rouge, jans., dent. int., tr. dor. (*Reymann*).

Edition originale.

2353. Louison, comédie en deux actes et en vers, par Alfred de Musset. *Paris, Charpentier,* 1849, in-12, broché.

Edition originale.

2354. L'Habit vert, proverbe en un acte par MM. Alfred de Musset et Emile Augier. *Paris, Michel Lévy frères,* 1849, in-12, dos et coins de mar. vert, tête dor., non rogné (*Couvert.*).

Edition originale, très rare. Elle a été publiée sans titre, avec un faux titre contenant la distribution de la pièce.

2355. L'Habit vert, proverbe en un acte et en prose. *Paris, Michel Lévy frères,* 1851, in-12, broché.

Edition aussi rare que l'édition originale de 1849; c'est d'ailleurs la même avec un titre, un faux titre, une nouvelle couverture et un second faux titre au verso duquel la première page de la pièce a été réimprimée. Le reste du volume est de l'édition originale rajeunie par les changements que nous indiquons.

2356. Poésies nouvelles d'Alfred de Musset (1840 à 1849). *Paris, Charpentier,* 1850, in-12, demi-rel. mar. vert, tête dor., non rogné, couverture (*Amand*).

Première édition de ce format.

2357. Bettine, comédie en un acte et en prose, par Alfred de Musset. *Paris, Charpentier,* 1851, in-12, broché.

Edition originale.

2358. Histoire d'un merle blanc, par Alfred de Musset. *Paris, Collection Hetzel, Blanchard,* 1853, in-18, broché.

Edition originale.

2359. Album de dix mélodies, romances et duos par Giuliani. *Paris, Brandus et Cie*, 1852, in-4, cartonn. des éditeurs.

Les paroles de la première mélodie : *Le Secret du Cœur*, romance, sont d'Alfred de Musset.

Exemplaire portant l'inscription suivante sur le premier plat du cartonnage :

A Monsieur Alfred de
Musset, hommage de
l'auteur.

2360. Œuvres posthumes. *Paris, Charpentier*, 1860, in-12, broché.

Edition originale.

2361. Biographie d'Alfred de Musset, sa vie et ses œuvres, par Paul de Musset. *Paris, Charpentier*, 1877, in-12, broché.

Edition originale.

Un des **50** exemplaires imprimés sur **papier de Hollande**.

2362. Lorenzaccio, drame mis à la scène, en cinq actes, par Armand d'Artois. *Paris, Ollendorff*, 1898, in-12, broché (*Couvert. illust.*).

Edition originale.

Exemplaire imprimé sur **papier du Japon**.

2363. Correspondance (1827-1857), recueillie et annotée par Léon Séché, avec un portrait de Musset en héliogravure et des reproductions de dessins et d'autographes. *Paris, Mercure de France*, 1907, in-8, broché.

Edition originale.

Un des **25** exemplaires imprimés sur **papier de Hollande**.

2364. Lettres d'amour à Aimée d'Albon (Madame Paul de Musset), suivies de poésies inédites, 1837-1848, avec une introduction et des notes par Léon Séché. *Paris, Mercure de France*, 1910, in-8, portraits, dessins et autographes, broché.

Edition originale.

Un des **58** exemplaires imprimés sur **papier de Hollande**.

2365. Leopardi, pet. in-4, cartonn. en étoffe, broché.

Manuscrit autographe inédit d'Alfred de Musset, de 3 pag. 1/2 pet. in-fol. pliées en deux pour la reliure.

C'est une notice qui paraît inachevée, sur le poète Jacques Leopardi, né en 1798.

2366. Fragments autographes, réunion de 3 pag. in-8 et in-4.

1° Passage de *Carmosine*, 11 lignes ;

2° *Le Retour*, 14 vers de cette poésie publiée dans les *Œuvres posthumes*. Ces 14 vers représentent la première strophe, les 3 premiers vers de la troisième suivis de trois autres vers qui ne sont pas dans l'imprimé ;

3° *Promenade*, petite pièce de sept vers, également publiée dans les *Œuvres posthumes* ;

4° Fragment de la *Ballade à la lune* (des *Premières poésies*), fin de cette poésie à partir de

« Peut-être, quand déchante ».

De la vente faite en 1883, par M. Charavay, de dessins et autographes provenant d'Alfred de Musset.

2367. *Par un mauvais temps*, poésie autographe d'Alfred de Musset, 1 page in-4.

Brouillon, surchargé de ratures, d'une pièce parue dans les *Poésies nouvelles*, 1836-1852.

On y a joint un fragment (1 pag. in-8) de *Conseils à une parisienne*, paru également dans les *Poésies nouvelles*.

De la vente de 1883.

2368. Plan d'une tragédie : *Le Comte d'Essex*, fragment de 4 pag. autographes, in-fol.

Pièce provenant de la vente de 1883.

2369. *A Madame* ***, sonnet autographe d'Alfred de Musset.

Charmant sonnet ayant fait partie de la vente de 1883.

Jolie pièce de jeunesse, avec ratures et corrections, publiée dans les *Œuvres posthumes* d'Alfred de Musset, 1860.

2370. Lettre autographe, signée (Alf. M[t]) d'Alfred de Musset, 1 pag. in-4.

Lettre écrite chez Rachel qui le garde à dîner. Elle est adressée à un de ses amis, probablement sculpteur, et l'informe qu'il a ébauché une belle petite chatte.

2371. 2 lettres autographes, signées, d'Alfred de Musset.

1° Lettre (1 p. in-fol.), datée du 23 octobre 1838, remerciements pour la place de bibliothécaire du ministère de l'intérieur qu'il vient d'obtenir ;

2° Lettre (1 pag. in-4), datée du 4 novembre 1838, à M. Edmond

Blanc, secrétaire général au Ministère de l'intérieur, lui rappelant sa promesse de lui donner quelques indications pour son installation à la bibliothèque du ministère.

On a ajouté à ces deux lettres 2 avis d'ordonnance de paiement, signés, d'Alfred de Musset.

2372. Lettre autographe de Paul de Musset, 12 décembre 1837, 2 pag. in-4.

Lettre signée par Alfred et Paul de Musset relative à des notes de leur père, Musset-Pathay, insérées dans une édition des œuvres de J.-J. Rousseau.

2373. Lettre autographe, signée, d'Alfred de Musset à Augustine Brohan, 1 pag. in-8.

Jolie lettre dans laquelle Musset s'excuse de ne pouvoir venir dîner, pour la bonne raison qu'il ne dîne pas, souffrant de maux d'estomac.

2374. 9 lettres autographes, signées, de Madame Constance Jaubert, que Musset appelait sa marraine.

Ces lettres, non datées, sauf deux qui sont de 1842-1843, sont fort intéressantes. On y trouve des allusions aux ouvrages et théâtre d'Alfred de Musset. Elles proviennent d'un lot de la vente de 1883.

2375. Minute autographe de la lettre écrite par Paul de Musset au préfet de la Seine lui demandant la concession gratuite d'un terrain pour la sépulture et le monument d'Alfred de Musset, 2 pag. in-fol.

Lettre datée du 6 juin 1857.

2376. 5 lettres autographes, signées, de Bida à Paul de Musset.

Relatives à l'illustration des œuvres d'Alfred de Musset par Bida.

2377. Pièces relatives à Alfred de Musset :

1° L. s. de *Salvandy*; Paris, 30 avril 1845, 1 p. in-4, enveloppe.

Il lui annonce que, par décret du 24 avril, le roi l'a nommé chevalier de la Légion d'honneur.

2° L. s. de *Carteret*, secrétaire général du ministère de l'Intérieur; Paris, 8 mai 1848, 1/2 p. in-4, enveloppe.

Il lui mande que le ministre l'a admis à faire valoir ses droits à la retraite.

3° L. s. de *Vaulabelle*; Paris, 31 juillet 1848, 1 p. in-fol., enveloppe.

Envoi de deux ouvrages en témoignage de reconnaissance de son zèle à remplir les fonctions de membre du jury pour le concours des chants nationaux.

4° L. s. de *Rouland*; Paris, 25 août 1856, 1 p. in-8.

Condoléances sur son état de maladie. « Conservez précieusement au ministère de l'Instruction publique le bibliothécaire dont il s'honore à si juste titre. »

5° Reçu de 750 francs pour un trimestre de sa pension comme auteur dramatique.

De la vente de 1883.

2378. Léon Séché. Études d'histoire romantique. Alfred de Musset: L'Homme et son œuvre, les Camarades, les Femmes. Documents inédits, avec portraits, dessins et autographes. *Paris, Mercure de France,* 1907, 2 vol. in-8, brochés.

EDITION ORIGINALE.

Un des 53 exemplaires imprimés sur **papier de Hollande.**

2379. NADAUD (Charles). Recueil de chansons. *Paris, Garnier frères,* 1849, in-12, de 155 pag., broché.

EDITION ORIGINALE, très rare, du premier recueil de Nadaud.

2380. NAU (John-Antoine). Au Seuil de l'espoir. *Paris, Vanier,* 1897. — La Gennia, roman spirite hétérodoxe. *Ibid., id.,* 1906. — Ens. 2 vol. in-12, brochés.

EDITIONS ORIGINALES.

2381 NAU (John-Antoine). Force ennemie, roman. *Paris, éditions de la Plume,* 1903, in-12, broché.

EDITION ORIGINALE du premier ouvrage couronné par l'Académie des Goncourt (janvier 1904).

Un des 2 exemplaires imprimés sur **papier de Hollande.**

NERVAL (Gérard de).

2382. Napoléon et la France guerrière, élégies nationales, par Gérard L... *Paris, Ladvocat,* 1826, in-8, veau rose, encad. de filets dor., dent. et milieu à froid, dos orné, tr. dor. (*Rel. de l'époque*).

EDITION ORIGINALE du premier ouvrage de Gérard de Nerval.

On a relié en tête du volume : *Élégies nationales et satires politiques, par Gérard.* Seconde édition. Paris, chez les libraires du Palais-Royal, 1827.

Edition unique de ce dernier ouvrage d'après le *Journal de la Librairie,* bien que le titre porte : seconde édition.

Ce recueil provient de la bibliothèque de Mlle Georges.

2383. L'Académie, ou les membres introuvables, comédie satirique en vers, par Gérard. *Paris, Touquet, décembre* 1826, in-8, de 4 ff. prélim. y compris le faux titre et le titre et 44 pag., dérelié.

Édition originale.

2384. Faust, tragédie de Goëthe, nouvelle traduction complète, en prose et en vers, par Gérard. *Paris, Dondey-Dupré père et fils,* 1828, in-18, frontisp. gravé au trait, broché.

Édition originale de cette traduction.

2385. Couronne poétique de Béranger, recueillie par Gérard. *Paris, Chaumerot jeune,* 1829, in-32, broché.

Petit recueil de pièces de vers, par les poètes du temps, toutes à la gloire de Béranger et de ses chansons. Gérard de Nerval y inséra une pièce de lui, pag. 20-24, la Dédicace à Béranger, de son recueil de poésies : *Élégies nationales*, et à la fin, une notice biographique de Béranger.

2386. Études sur les poètes allemands, par Gérard. *Paris, Méquignon Havard,* 1830, in-18, broché.

Édition originale.
Exemplaire imprimé sur **papier vélin**.

2387. Choix de poésies de Ronsard, Dubellay, Baïf, Belleau, Dubarras, Chassignet, Desportes, Régnier, précédé d'une introduction par Gérard. *Paris,* 1830, in-18, broché.

Édition originale.

2388. Scènes de la vie orientale. Les Femmes du Caire. *Paris, Ferdinand Sartorius,* 1848, in-8, cartonn., dos et coins de toile orange, non rogné (*Couvert.*).

Édition originale.
Belle lettre autographe de Gérard de Nerval, ajoutée, elle est signée G. Labrunie.

2389. Scènes de la vie orientale, par Gérard de Nerval. I, les Femmes du Caire. II, les Femmes du Liban. *Paris, Hippolyte Souverain,* 1850, 2 vol. in-8, cartonn., dos et coins de toile orange, non rognés (*Couvert.*).

Édition originale des deux volumes. La couverture et le titre, seuls, ont été réimprimés pour le premier volume.

2390. Les Monténégrins, opéra-comique en trois actes, paroles de MM. E. Alboize et Gérard, musique de M. Limnander, mise en scène de M. Henri. *Paris, Imprimerie Lacrampe fils et Cie*, 1849, in-8, de 54 pag., broché.

Edition originale; la couverture sert de titre.
Exemplaire imprimé sur papier vélin.

2391. Les Monténégrins, 6 pag. in-4. Autographes de Gérard de Nerval.

Scenario des deux premiers actes des *Monténégrins* (nº précédent) renfermant des vers qui ne se trouvent pas dans la pièce imprimée, ou offrant de grandes variantes.

Jolie pièce à laquelle on a ajouté une lettre autographe de Gérard de Nerval adressée très probablement à Limnander, auteur de la musique des *Monténégrins*, contenant des vers à mettre en musique qui ne se trouvent pas dans la pièce imprimée.

2392. Le Chariot d'enfant, drame en vers, en cinq actes et sept tableaux, traduction du drame indien du roi Soudraka, par MM. Méry et Gérard de Nerval. *Paris, D. Giraud et J. Dagneau*, 1850, in-12, cartonn., dos et coins de toile rouge, non rogné (*Couvert.*).

Edition originale.
Envoi autographe signé des deux auteurs, sur le faux titre.

2393. Contes et facéties, par Gérard de Nerval. *Paris, D. Giraud et J. Dagneau*, 1852, in-18, broché.

Edition orginale.

2394. Lorely, souvenirs d'Allemagne, par Gérard de Nerval. *Paris, D. Giraud et J. Dagneau*, 1852, frontispice. — Les Illuminés, récits et portraits, par le même. *Paris Victor Lecou*, 1852. — Les Filles du feu, nouvelles, par Gérard de Nerval. *Paris, D. Giraud*, 1854. — Ens. 3 vol in-12, demi-rel. veau fauve, tr. jasp.

Editions originales pour les trois volumes.
De la bibliothèque de Jules Janin.

2395. Petits châteaux de Bohême, prose et poésie. *Paris, Eugène Renduel*, 1853, in-18, de 96 pag. comprenant le faux titre, le titre, 2 pag. (*A un ami*) chiff. 1, 2 et le restant du vol. chiff. 3 à 64 et 69 à 96, broché.

Edition originale. La couverture est datée de 1852.
Exemplaire dont le numérotage des pages est irrégulier

2396. Petits châteaux de Bohême, prose et poésie. *Paris, Eugène Didier,* 1853, in-18, de 96 pages, broché.

Edition originale. La couverture est datée de 1852.

Exemplaire dont la pagination est régulière, c'est-à-dire que les faux titre et titre sont compris dans le numérotage.

2397. La Bohème galante. *Paris, Michel Lévy frères,* 1885, in-12, broché.

Edition originale.

2398. Le Rêve et la Vie. *Paris, Lecou,* 1855, in-12, broché.

Edition originale.

2399. Le Marquis de Fayolle, par Gérard de Nerval, terminé par Ed. Gorges. *Paris, Michel Lévy frères,* 1856, in-12, broché.

Edition originale.

2400. Le Nouveau Genre, ou le café d'un théâtre, comédie critique en un acte, en vers, imitée de Leandro Moratin, commencée par Gérard de Nerval et terminée par Arthus Fleury. *Paris, Barbré,* 1860, in-12, broché.

Edition originale.

2401. Correspondance (1830-1855), avec une introduction et des notes par Jules Marsan. *Paris, Mercure de France,* 1911, in-12, broché.

Edition originale.

Exemplaire imprimé sur **papier de Hollande**.

2402. Odelettes : *Ma Grand Mère — Notre-Dame — Cour de Prison,* poésies autographes signées Gérard, 1 pag. in-4.

Très belle et précieuse pièce provenant d'un album.

2403. Pièce de vers autographe, signée, de Gérard de Nerval. 1 p. in-16.

Petite pièce de seize vers (en 4 strophes) commençant :

Où sont nos amoureuses ?
Elles sont au tombeau !

2404. Pièce autographe de Gérard de Nerval, 3 pag. pet. in-4.

Sorte de rêverie où il invoque sa *grande amie.*

Une carte de visite de Madeleine Brohan sur laquelle est écrit le nom de Gérard de Nerval est épinglée à la pièce.

2405. 2 lettres autographes de Gérard de Nerval, signées. Ens. 2 pag. in-8.

Lettre non datée, à M. de Lurieu. Il lui adresse une comédie pour laquelle il lui demande de faire un troisième acte.

Lettre à Paul Foucher, non datée. Il lui demande de faire un acte d'opéra pour M. Defresne sur un sujet tiré de Walter Scott que recevrait Léon Pillet, directeur de l'Opéra.

2406. Lettre autographe de Gérard de Nerval, non datée, 1 pag. in-8.

Lettre signée Gérard Labrunie, relative à la représentation de *Marion Delorme* de Victor Hugo ; représentation où les deux écoles seront aux prises.

2407. Lettre autographe, signée Gérard de Nerval, à Louis de Cormenin, 1 pag. in-8.

Lettre relative à un article de Monselet sur *Les Illuminés* ; elle est reproduite dans la correspondance de Gérard de Nerval, publiée par le *Mercure de France*.

2408. Lettre autographe, signée, de Gérard de Nerval à Alfred Delvau, 17 avril 1855, 1 pag. in-8.

Jolie lettre de remerciement pour une notice de Delvau sur les livres de Gérard de Nerval (publiée dans la *Correspondance*). On y a joint la réponse de Delvau à cette lettre, 3 pag. in-8.

2409. Lettre autographe de Gérard de Nerval à Ed. Gorges, 10 juillet 1850, 2 pag. in-8.

Lettre intéressante relative à deux pièces dramatiques de Gérard de Nerval, en préparation (*Le marquis de Fayolle*, *La Grande Mademoiselle*).

On sait qu'Ed. Gorges termina et publia, en 1856, le roman : *Le Marquis de Fayolle* commencé par Gérard de Nerval (Voir plus haut, n° 2399).

2410. Lettre autographe de Gérard de Nerval à M. Perrot, 29 février (1842), 1 pag. in-8.

Jolie lettre, signée Gérard écrite de Vienne, en Autriche, et relative à ses travaux littéraires.

2411. Réunion de 12 lettres adressées à Gérard de Nerval.

Lettre d'Auguste de Chatillon, Francis Wey, Hetzel, Jules Lacroix, Edm. Texier, Dr Blanche (lettre intéressante adressée à Gérard de Nerval pendant un voyage en Allemagne), Pillet, directeur de l'Opéra.

On y a joint un avis d'ordonnance de paiement, signé de Gérard de

Nerval, pour une indemnité qui lui fut allouée comme chargé d'une mission en Orient.

2412. Jacques Boulenger. Au pays de Gérard de Nerval. Avec huit planches hors texte. *Paris, Edouard Champion*, 1914, pet. in-8, broché.

Exemplaire, imprimé sur **papier du Japon**, offert par l'éditeur à M. Jules Le Petit.

2413. NIBOR (Yann) [Albert Robin]. Chansons et récits de mer, illustrés par Léon Couturier. Préface de Pierre Loti. *Paris, Flammarion, s. d.* (1893), in-12, broché.

Édition originale.
Un des **30** exemplaires imprimés sur **papier du Japon.**

2414. NIBOR (Yann). La Chanson des Cols bleus, chants populaires de la flotte française. Illustrations de Léon Couturier, Bourgain et Jobert, peintres du Département de la marine, de Henri Rudaux et Yann Nibor fils. *Paris, Flammarion, s. d.* (1901), in-12, cartonn. de mar. bleu, petit motif mosaïqué sur le premier plat tr. dor. sur témoins, couverture, étui (*Meunier*).

Édition originale.
Un des **30** exemplaires imprimés sur **papier du Japon.**

2415. NION (François de). L'An rouge. Illustrations de H. Chartier. *Paris, Simonis Empis*, 1898, in-12, broché.

Édition originale.
Un des **10** exemplaires imprimés sur **papier du Japon.**
Sur le faux titre, *envoi autographe* de l'auteur à Philippe Gille.

2416. NION (François de). Les Façades, roman d'aventures mondaines. *Paris, Revue blanche*, 1898, in-12, broché.

Édition originale.
Un des **10** exemplaires imprimés sur **papier de Hollande.**

2417. NION (François de). Les derniers Trianons, roman d'une amie de Marie-Antoinette. *Paris, Revue blanche*, 1900, in-12, broché.

Édition originale.
Un des **20** exemplaires imprimés sur **papier de Hollande.**
Sur le faux titre, *envoi autographe* de l'auteur à Philippe Gille.

2418. NION (François de). L'Obex. *Paris, Charpentier et Fasquelle,* 1894, in-12, broché.

Édition originale.
Un des 10 exemplaires imprimés sur **papier de Hollande**.

NOAILLES (Comtesse Mathieu de).

2419. L'Ombre des jours. *Paris, Calmann-Lévy, s. d.* (1902), in-12, broché.

Edition originale.
Un des 50 exemplaires imprimés sur **papier de Hollande.**

2420. La nouvelle Espérance. *Paris, Calmann-Lévy, s. d.* (1903), in-12, broché.

Edition originale.
Un des 50 exemplaires imprimés sur **papier de Hollande.**

2421. Le Visage émerveillé. *Paris, Calmann-Lévy, s. d.* (1904), in-12, broché.

Edition originale.
Un des 50 exemplaires imprimés sur **papier de Hollande.**

2422. La Domination. *Paris, Calmann-Lévy, s. d.* (1905), in-12, broché.

Edition originale.
Un des 60 exemplaires imprimés sur **papier de Hollande.**

2423. Les Éblouissements. *Paris, Calmann-Lévy, s. d.* (1907), in-12, broché.

Edition originale.
Un des 15 exemplaires imprimés sur **papier de Chine.**

NODIER (Charles).

2424. La Napoleone, par Charles Nodier. Février 1802 (*Paris,* 1814), in-8, de 8 pag., en feuilles.

Seconde édition de cette ode célèbre ; elle est augmentée de *La France aux abois à Buonaparte* (13 décembre 1813).

On y a joint:

1° Une copie manuscrite de l'époque, de cette ode, offrant des variantes avec l'imprimé.

2° Une page in-4, autographe de Charles Nodier, note bio-bibliographique sur lui-même.

2425. Thérèse Aubert, par l'auteur de Jean Sbogar. *Paris, Ladvocat,* 1819, in-12, broché.

ÉDITION ORIGINALE.

2426. Promenade de Dieppe aux montagnes d'Ecosse. *Paris, Barba,* 1821, in-12, 3 pl. coloriées et 1 carte, dos et coins de mar. rouge, dos orné, tête dor., non rogné (*Hardy*).

ÉDITION ORIGINALE.

2427. Tribly, ou le lutin d'Argail, nouvelle écossaise. *Paris, Ladvocat,* 1822, pet. in-12, dos et coins de mar. La Vall., tête dor., non rogné (*Couvert.*).

ÉDITION ORIGINALE.

2428. Histoire du roi de Bohême et de ses sept chateaux. *Paris, Delangle frères,* 1830, in-8, broché.

Vignettes de *Tony Johannot* gravées sur bois dans le texte par *Porret.*

2429. Souvenirs de jeunesse, extraits des mémoires de Maxime Odin. *Paris, Levavasseur,* 1832, in-8, cartonn., dos et coins de mar. brun, non rogné.

ÉDITION ORIGINALE.

2430. Une Corbeille de rognures de feuillets arrachés d'un livre sans titre, par M. Ch. Nodier. *Tournai,* 1836, in-8, cartonn. non rogné.

Tiré à 40 exemplaires; celui-ci est un des 5 imprimés sur **papier jaune serin.**

2431. La Seine et ses bords, vignettes par Marville et Foussereau, publiés par M. A. Mure de Pelanne. *Paris,* 1836, in-8, broché.

ÉDITION ORIGINALE.

2432. Nouveaux souvenirs et portraits. *Paris, Magen et Comon,* 1841, in-8, broché.

ÉDITION ORIGINALE.

2343. Franciscus Columna, dernière nouvelle de Charles Nodier, extraite du Bulletin de l'Ami des arts, et précédée d'une notice par Jules Janin. *Paris, Galeries des beaux-arts,* 1844, in-12, port.

lithog., mar. vert foncé, comp. de fil., coins et milieux ornés, tr. dor. (*Hardy*).

ÉDITION ORIGINALE.

2434. Goldsmith. Le Vicaire de Wakefield, traduction nouvelle, précédée d'une notice sur la vie et les ouvrages de Goldsmith et suivie de notes par Charles Nodier. 10 vignettes dessinées par T. Johannot, gravées sur acier par Revel. *Paris, Lecou, Hetzel et Cie, s. d.* (1852), in-8, chag. brun, fil., grande plaque dorée sur les plats, dos orné, tr. dor.

Bel exemplaire contenant les figures de *Johannot* en épreuves AVANT la lettre. On y a ajouté le portrait de Goldsmith, DESSIN A LA SÉPIA par *Marckl.*

Reliure des éditeurs, de la plus grande fraîcheur.

2435. Le Tigre, catalogue des livres de M. Crozet, page dernière, 4 pag. in-8.

Notice autographe de Charles Nodier sur le fameux pamphlet, en vers, *Le Tigre* paru au XVIe siècle vers 1559-1560.

2436. 42 lettres autographes, signées, de Charles Nodier à M. Merlin, libraire.

Très intéressante correspondance bibliographique. On y a ajouté *la préface autographe* de Nodier pour le catalogue de l'une de ses ventes.

2437. 15 lettres autographes, signées, de Charles Nodier.

12 de ces lettres sont adressées à l'éditeur Renduel.

Correspondance intéressante, entièrement relative à diverses publications de Charles Nodier : *Souvenirs de jeunesse, La fée aux miettes, Souvenirs de la Révolution, Jean Sbogar, Banquet des Girondins, Voyages romantiques, Mélanges*, etc.

On y a ajouté 2 reçus de cinq cents francs à Renduel, signés de Nodier.

2438. NOEL (Edouard). Les petits vers d'un joueur de flûte, chansons à chanter et à dire. Avec un dessin de Ferdinand Bac. *Paris, Flammarion*, 1898, in-12, demi-rel. mar. rouge, tête dor., non rogné, couverture (*Bretault*).

ÉDITION ORIGINALE.

Exemplaire du Bon A. de Claye, imprimé sur **papier de Hollande**, contenant un envoi autographe de l'auteur sur le faux titre et le **dessin original** de Bac.

2439. NORIAC (Jules) [J. Cayron]. Le 101e régiment. *Paris, Librairie nouvelle,* 1858, in-16, broché.

Edition originale.

2440. NORIAC (Jules). Mademoiselle Poucet, roman parisien. *Paris, Michel Lévy frères,* 1865, in-12, broché.

Edition originale.

Un des quelques exemplaires imprimés sur **papier de Hollande**; la couverture n'est pas imprimée.

2441. NORVINS (de). Histoire de Napoléon, vignettes de Raffet. *Paris, Furne et Cie,* 1839, gr. in-8, demi-rel. chag. rouge, fil., tête dor., ébarbé (*Rel. de l'époque*).

Premier tirage des illustrations.

2442. NOUVELLE GALERIE des artistes dramatiques vivants, contenant 40 (80) portraits en pied des principaux artistes dramatiques de Paris peints et gravés par Ch. Geoffroy. *Paris, Librairie théâtrale,* 1855, 2 vol. pet. in-4, cartonn., dos et coins de mar. brun, non rognés.

Bel exemplaire auquel on a ajouté 64 lettres autographes d'auteurs et d'actrices dont la biographie se trouve dans l'ouvrage: Geoffroy, Grassot, Hyacinthe, H. Monnier, Frédérick-Lemaître, Arnal, Bocage, Melingue, MM[mes] Déjazet, Rachel, Georges, Ristori, etc., etc.

2443. OHNET (Georges). Le Maître de forges. *Paris, Ollendorff,* 1882, in-12, broché.

Edition originae.

Un des 25 exemplaires imprimés sur **papier de Hollande**; portrait ajouté.

2444. OHNET (Georges). Serge Panine. *Paris, Ollendorff,* 1883, in-12, broché.

Edition originale.

Papier de Hollande.

2445. OLD NICK [E. Durand Forgues]. La Chine ouverte, aventures d'un fan-kouei dans le pays de Tsin. Ouvrage illustré par Auguste Borget. *Paris, Fournier,* 1845, in-8, cartonn., dos et coins de toile rouge, ébarbé (*Couvert.*).

Premier tirage des illustrations.

2446. OLD NICK. 4 lettres autographes d'Emile Durand Forgues, plus connu sous le pseudonyme d'*Old Nick*.

Lettres remplies de détails littéraires ; une est datée de 1842, les autres, de 1869 ; ces dernières semblent adressées à Paul de Musset.

2447. OMNIBUS, physiologie de tout le monde, illustrée par plus de cent cinquante vignettes. *Paris, Gennequin*, 1844, 8 livraisons en 1 vol. in-8, dos et coins mar. bleu, fil. à froid, tête dor., non rogné.

Exemplaire contenant toutes les couvertures de livraisons et la couverture générale qui est très rare. MM. Brivois et Vicaire ne la signale pas. Le titre que nous donnons ci-dessus est celui qui se trouve sur la couverture générale.

Le titre des livraisons est ainsi libellé : *Les Omnibus, pérégrinations burlesques à travers tous chemins, par MM. Bertal et Lefix, ornées d'illustrations nombreuses et variées par M. Bertal.*

2448. O'NEDDY (Philothée) [Theophile Dondey]. Feu et Flamme. *Paris, Librairie orientale de Dondey-Dupré*, 1833, in-8, frontisp. de Célestin Nanteuil tiré sur Chine, broché.

Edition originale.
Exemplaire très frais.

2449. O'NEDDY (Théophile). Poésies posthumes de Philothée O'Neddy (Théophile Dondey). *Paris, G. Charpentier*, 1877, in-12, broché.

Edition originale, précédée d'une longue notice d'Ernest Havet.
Un des 75 exemplaires imprimés sur **papier de Hollande**.

2450. ORINO (Ch. d') [Comtesse Pillet-Will]. Contes de l'au-dela sous la dictée des esprits. *Paris, Juven, s. d.* (1904), in-12, broché.

Edition originale.
Un des **25** exemplaires imprimés sur **papier de Hollande.**

2451. ORTIGUE (Joseph d'). Le Balcon de l'Opéra. *Paris, Eugène Renduel*, 1833, in-8, broché.

Edition originale, ornée d'un frontispice de *Célestin Nanteuil*, gravé à l'eau-forte et tiré sur Chine.

2452. ORTIGUE (Joseph d'). Lettre autographe, signée, de Joseph d'Ortigue, à l'éditeur Renduel, 2 pag. in-8.

Lettre relative à des questions d'impression et à son ouvrage la *Sainte-Baume*.
On y a joint un reçu autographe, signé, de J. d'Ortigue à Renduel.

2453. OURLIAC (Edouard). Le Prince Coqueluche, son histoire intéressante et celle de son compagnon Moustafa. Vignettes par Delmas. *Paris, Hetzel*, 1846, pet. in-8, cartonn. toile noire avec plaque dorée, tr. dor. (*Cartonn. de l'éditeur*).

EDITION ORIGINALE.

2454. PAILLERON (Edouard). Amours et haines. *Paris, Michel Lévy frères*, 1869. — La Poupée. *Paris, Calmann Lévy*, 1884. — Ens. 1 vol. et 1 plaquette in-12, brochés.

EDITIONS ORIGINALES.

2455. PAILLERON (Edouard). Cabotins ! comédie en quatre actes. *Paris, Calmann Lévy*, 1894, in-8, portrait, dos et coins de mar. rouge, jans., tête dor., non rogné, couverture (*Noulhac*).

EDITION ORIGINALE.
Un des **30** exemplaires imprimés sur **papier du Japon.**

2456. PAILLERON (Edouard), Pièces dramatiques publiées chez Michel Lévy frères et Calmann Lévy de 1860 à 1888, 14 pièces in-8 et in-12, brochées.

Le Parasite, comédie, 1860. — Le Mur mitoyen, comédie, 1862. — Le second mouvement, comédie, 1865. — Le Monde où l'on s'amuse, comédie, 1869. — L'Autre motif, comédie, 1872. — Hélène, tragédie bourgeoise, 1873. — Petite pluie..., comédie, 1876. — L'Age ingrat, comédie, 1879. — L'Etincelle, comédie, 1879. — Le Monde où l'on s'ennuie, 1881. — Pendant le bal, comédie, 1881. — Le Chevalier Trumeau, comédie, 1881. — Le Narcotique, comédie, 1882. — La Souris, comédie, 1888.

2457. PAILLERON (Eugène). Le Théâtre chez Madame, par Edouard Pailleron. *Paris, Calmann Lévy*, 1881, in-16, tiré in-8, dos et coins de mar. bleu foncé, fil., dos orné, tête dor., non rogné, couverture (*David*).

EDITION ORIGINALE.
Un des **25** exemplaires imprimés sur **papier de Hollande** de format in-8.

2458. PAPILLONS (Les), métamorphoses terrestres des peuples de l'air, par Amédée Varin, texte par Eug. Nus et Antony Méray. *Paris, Martinon, G. de Gonet éditeur, s. d.* (1854), 2 vol. gr. in-8, demi-rel. chag. bleu, plats toile, dos orné, tr. dor.

Figures coloriées.

2459. PARNASSE SATYRIQUE du dix-neuvième siècle. Recueil de 50 autographes en un vol. in-4, mar. rouge, angles des plats et dos ornés de têtes de satyres, dent. int., tr. dor. (*Masson-Debonnelle*).

Pièces autographes, signées, de Th. de Banville, Baudelaire (dédicace des *Fleurs du mal* à Gautier, non publiée), J. Choux, A. Delvau, Desnoyers, E. Deschamps, Durandeau, P. Féval, de la Fizelière, Th. Gautier, Glatigny, E. d'Hervilly, Mallarmé, J. Moineaux, Monselet, Nadar, Poulet-Malassis, G. Sand, J. Vallès, etc., etc.

Toutes ces pièces ont été imprimées dans le *Parnasse satyrique* et le *Nouveau Parnasse satirique*, quelques-unes avec de légères variantes. Elles ont été montées avec soin sur bristol de format in-4.

2460. PARNASSE SATYRIQUE (Le) du dix-neuvième siècle, recueil de vers piquants et gaillards de MM. de Béranger, V. Hugo, E. Deschamps, A. Barbier, A. de Musset, Barthelemy, Protat, G. Nadaud, de Banville, Baudelaire, Monselet, etc., etc. *Rome* (*Bruxelles*), 1864, 2 vol., frontisp. de Rops. — Le nouveau Parnasse satyrique du dix-neuvième siècle. *Eleutheropolis* (*Bruxelles, Poulet-Malassis*), 1866, frontisp. de Rops. Ens. 3 tom. en 1 vol. in-18, mar. rouge, jans., doublé de mar. rouge, filet, tr. dor. (*Thibaron*).

Exemplaires imprimés sur **papier de Chine**; les 2 frontispices sont en DEUX états : noir et bistre.

2461. PÉLADAN (Joséphin). Le Vice suprême, préface de Jules Barbey d'Aurévilly, frontispice de Félicien Rops. *Paris, Lib. des auteurs modernes*, 1884, in-12, broché.

ÉDITION ORIGINALE.

Curieux envoi autographe de l'auteur sur le feuillet de garde.

2462. PERDICCAS [Pseudonyme collectif de P.-J. Toulet et Maurice Ciernovsky]. Le Bréviaire des courtisans. *Paris, Simonis Empis*, 1899, in-12, broché.

ÉDITION ORIGINALE.

Un des **8** exemplaires imprimés sur **papier de Hollande**.

2463. PERGAUD (Louis). Roman de Miraut, chien de chasse. *Paris, Mercure de France*, 1913, in-12, broché.

ÉDITION ORIGINALE.

Un des **19** exemplaires imprimés sur **papier de Hollande**.

2464. PETITS (Les) FRANÇAIS. *Paris, Librairie pittoresque de la jeunesse*, 1842, in-12, dos et coins de mar. bleu, tête dor., non rogné, couverture illust. (*R. Kieffer*).

Petit livre peu commun, illustré de 23 fig. hors texte et de vignettes dans le texte par *Gavarni*, *E. Wattier*, *H. Monnier*, *Daumier*, *C. Nanteuil*, etc.

La couverture est à l'adresse d'Abel Ledoux.

2465. PEYTEL (Sébastien-Benoit). Physiologie de la poire, par Louis Benoit, jardinier. *Paris, chez les libraires de la place de la Bourse*, 1832, in-8, dos et coins de mar. rouge, tête dor., ébarbé, couverture (*Smeers*).

Edition originale ornée de vignettes dans le texte, gravées sur bois. On y a ajouté le prospectus de la seconde édition.

2466. PHILIPPE (Charles-Louis). Quatre histoires de pauvre amour. *Paris, Edition de l'Enclos*, 1897, in-16, broché.

Edition originale.

2467. PHILIPPE (Charles-Louis). Le Père Perdrix. *Paris, Fasquelle*, 1903, in-12, broché.

Edition originale.

2468. PHILIPPE (Charles-Louis). Croquignolle. *Paris, Fasquelle*, 1906, in-12, broché.

Edition originale.

2469. PHILIPPE (Charles-Louis). Faits divers. *Cahiers du Centre, Mars-Avril* 1911, in-16, broché.

Edition originale.

2470. PHILIPPE (Charles-Louis). Bubu de Montparnasse, nouvelle édition, illustrée de lithographies de Grandjouan. *Paris, Librairie universelle, s. d.* (1905), in-12, broché.

Un des **30** exemplaires imprimés sur **papier du Japon** et souscrits par la Librairie A. Blaizot.

2471. PHILIPON (Ch.) et Louis HUART. Parodie du Juif errant. 300 vignettes par Cham. *Bruxelles, Société belge de librairie*, 1845, in-8, broché.

Premier tirage des illustrations de *Cham*.

Les grands bois de cette édition ont été, ou regravés en plus petites dimensions, ou coupés en fragments pour entrer dans l'édition de Paris, de format in-12, publiée la même année (numéro suivant).

2472. PHILIPON (Charles) et Louis HUART. Parodie du juif errant, complainte constitutionnelle en dix parties, 300 vignettes par Cham (de N...). *Paris, Aubert et Cie, s. d.*, 1845, in-12, broché.

Première édition française.

2473. PHYSIOLOGIE du prédestiné, considérations biscornues par une bête sans cornes. Dessins de J. Cagniet. *Paris, Raymond-Bocquet,* 1841, in-32, cartonn., non rogné, couvert. (*Lemardeley*).

Exemplaire imprimé sur **papier jaune.**

2474. PHYSIOLOGIES, par Alhoy, Balzac, Bernard, Cler, Couailhac, Deyeux, Delord, Lemoine, H. Monnier, Savene, Soulié, illustrations d'Alophe, Daumier, Emy, Janet-Lange, Gavarni, H. Monnier, Trimolet, J. Vernier, etc. *Paris, Aubert, Lavigne, Bourdin, Raymond-Bocquet,* 1841-1842, 33 vol. in-32 dont 31 en demi rel. mar. vert foncé à longs grains, tête rouge, non rognés et 1 cartonn. toile grise, couvert., non rogné.

Du Bas-bleu — du Bourgeois — du Buveur — du Calembourg — du Carnaval — du Célibataire — du Chasseur — du Créancier — du Député — de l'Ecolier — de l'Employé — de la Femme la plus malheureuse du monde — de l'Etudiant — du Flaneur — du Fumeur — du Garde national — de l'Homme de loi — du Jardin des plantes — du Jésuite — du Jour de l'an — du Lion — de la Lorette — du Médecin — du Musicien — de la Parisienne — des Physiologies — du Prédestiné — du Provincial à Paris — du Recensement — du Tailleur — du Troupier — du Vin de Champagne.

2475. PHYSIOLOGIES, même collection. 27 vol. in-32 dont 22 vol. brochés et 5 cartonn., non rognés, avec couvert.

De l'Amant de cœur — des Bals de Paris — du Bas bleu — du Chasseur — du Débardeur — du Créancier et du débiteur — de l'Ecolier — de l'Etudiant — du Flaneur — du Gamin de Paris — du Garde national, 1re et 3e éditions — de l'Homme à bonnes fortunes — de l'Homme de loi — du Journaliste de province — de la Lorette — du Médecin — de la Parisienne — du Poète — de la Portière — du Provincial à Paris — des Robert-Macaire — du Tailleur — du Théâtre, 2 éditions — du Viveur — du Voyageur.

2476. PICTET (Adolphe). Une Course à Chamounix, conte fantastique par Adolphe Pictet, major fédéral d'artillerie. *Paris, Benjamin Duprat,* 1838, pet. in-8, cartonn. dos et coins de mar. grenat, non rogné (*Couvert.*).

Edition originale ornée de 3 figures hors texte tirées sur Chine.

2477. PICTET (Adolphe). Une Course à Chamounix, fantaisie artistique pour servir de supplément aux Lettres d'un voyageur par... n'importe ! Seconde édition. *Paris, Benjamin Duprat,* 1840, pet. in-8, 3 figures, broché.

Cette seconde édition est la première avec de nouveaux faux titre, titre et couverture ; elle est augmentée d'une préface de 3 pages.
L'exemplaire contient également la couverture de la première édition.

2478. PLANCHE (Gustave). Portraits littéraires. *Paris, Werdet,* 1836, 2 vol. in-8, brochés.

Edition originale.

2479. PLÉIADE (La), ballades, fabliaux, nouvelles et légendes. *Paris, Curmer,* 1842, 12 livraisons en 1 vol., pet. in-8, frontispices et vignettes, mar. vert foncé à longs grains, compart. de filets et fleurons, dos orné, tr. dor. sur témoins, étui, dos de mar. (*Canape*).

Premier tirage.
Bel exemplaire de Sicurin relié depuis sa vente ; il contient la couverture imprimée.

2480. PLEYBER (Jean). Les Cendres, poèmes bretons. Préface de Gabriel Vicaire. *Paris, Vanier,* 1899, in-12, portrait, mar. gris, grand motif mosaïqué sur le premier plat, dos mosaïqué, tr. dor. sur témoins, couverture, étui (*Meunier*).

Edition originale.
Un des 5 exemplaires imprimés sur **papier de Hollande** auquel on a ajouté **une poésie autographe** signée de l'auteur : *Le mauvais sentier*.

2481. POE (Edgar). Les Cloches, poème, traduction libre d'Émile Blémont, avec quatre eaux-fortes de Henry Guérard. *Paris, lib. de l'eau-forte, s. d.* (1876), in-4, de 15 pag., cartonn. dos et coins de toile grise, non rogné (*Couvert.*).

Tirage à 100 exemplaires sur papier de Hollande, avec eaux-fortes tirées sur Japon.

2482. POISLE DESGRANGES. Le Roman à l'eau-forte en douze chapitres inédits, illustré par Alfred Taiée. *Paris, Bachelin-Deflorenne,* 1874, in-8, dos et coins de mar. orange, tête dor., non rogné (*Raparlier*).

Edition originale, ornée de 14 eaux-fortes hors texte.
Un des **10** exemplaires imprimés sur **papier de Chine.**

2483. POISLE DESGRANGES. Les Sonnets impossibles, avec douze eaux-fortes par Alfred Taiée. *Paris, Bachelin-Deflorenne,* 1873. — Les Péchés capitaux. Eaux-fortes d'Alfred Taiée. *Ibid., id.* 1875. — Ens. 2 plaq. in-8, brochées.

EDITIONS ORIGINALES.

La seconde plaquette est un des 5 exemplaires imprimés sur **papier de Chine,** avec les eaux-fortes en DEUX états.

2484. POISLE DESGRANGES. Satires. Les Amis, les Charlatans, les Corbeaux, les Lionnes de la Salle de la Redoute, les Mécontents, les Pourceaux, les Sabreurs. *Paris, Lemerre,* 1868-1869, 7 plaq. in-12, brochées.

EDITIONS ORIGINALES.

2485. PONSARD (François). Lucrèce, tragédie en cinq actes et en vers, par Ponsard. *Paris, Furne et Cie*, 1843, gr. in-8, dos et coins de mar. bleu clair, tête dor., non rogné, couverture (*Bretault*).

Bel exemplaire de l'ÉDITION ORIGINALE.

2486. PONSARD (François). 3 lettres autographes, signées, de Ponsard. Ens. 9 pag. in-8.

1° Lettre datée de Monceaux, 14 octobre 1843, écrite chez Lamartine. Ponsard se plaint qu'on lui attribue des vers et une tragédie *Irène* qui ne sont pas de lui ;

2° Lettre datée du 22 juin. Il s'élève contre ceux qui ne veulent plus entendre parler de tragédie ;

3° Lettre non datée, de 4 pages. Relative à ses démarches à l'Odéon pour une pièce de George Sand. Il parle de la reprise de l'*Honneur et de l'Argent* et très durement de l'acteur Laferrière. La fin de la lettre est relative à un contrat avec A. Houssaye.

2487. PONTMARTIN (Armand de). Les Jeudis de Madame Charbonneau. *Paris, Michel Lévy frères,* 1862, in-12, dos et coins de mar. bleu foncé, tête dorée, non rogné (*Petit-Simier*).

EDITION ORIGINALE. Dans la seconde édition et les suivantes l'auteur supprima de la liste des noms celui d'Arsène Houssaye, qui figure dans la première sous celui de *Mélibète* et fit quelques changements.

Exemplaire de J. Janin contenant *une lettre autographe* de l'auteur.

2488. PONTSEVREZ (P. de). L'Enjeu du bonheur. *Paris, Albin Michel,* 1903, in-12, broché.

EDITION ORIGINALE.

Un des 6 exemplaires imprimés sur **papier de Chine.**

2489. PONTSEVREZ (P. de). L'Amour commande, roman. *Paris, Editions du Chroniqueur de Paris,* 1906, in-12, broché.

Edition originale.

Un des 6 exemplaires imprimés sur **papier de Chine.**

2490. PORCHÉ (François). Péguy et les Cahiers. *Paris, Bloch,* 1914, pet. in-8, broché.

Edition originale.

Un des 10 exemplaires imprimés sur **papier de Hollande.**

2491. PORTO-RICHE (Georges de). Un Drame sous Philippe II, drame en quatre actes, en vers. *Paris, Michel Lévy frères,* 1875, in-12, broché.

Edition originale.

Un des rares exemplaires imprimés sur **papier de Hollande.**

Sur le faux titre, *envoi autographe* de l'auteur à Paul de Saint-Victor.

2492. PORTO-RICHE (Georges de). Amoureuse, comédie en trois actes. *Paris, Paul Ollendorff,* 1894, in-12, broché.

Edition originale.

2493. PORTO-RICHE (Georges de). Le vieil homme, pièce en cinq actes. *Paris, Émile-Paul, s. d.* (1911), in-12, broché.

Edition originale

Un des 50 exemplaires imprimés sur **papier de Hollande.**

2494. POUGENS (Charles). Jocko, anecdote détachée des Lettres inédites sur l'influence des animaux, par Charles Pougens. *Paris, Persan,* 1824, pet. in-12, veau vert, dent. à froid, tr. marb. (*Rel. de l'époque*).

Edition originale, très rare.

Exemplaire de la duchesse de Berry, avec son chiffre couronné sur les plats de la reliure et l'ex-libris de la bibliothèque de Rosny à l'intérieur du volume.

2495. POUVILLON (Émile). Chante-pleure. *Paris, Lemerre,* 1890, in-12, broché.

Edition originale.

Un des quelques exemplaires imprimés sur **papier de Chine.**

2496. POUVILLON (Émile). Jean-de-Jeanne. *Paris, Lemerre*, 1886, in-12, broché.

Édition originale.
Un des quelques exemplaires imprimés sur **papier de Chine**.

2497. PRADIER (Charles). Les Figurines, plâtres poétiques. *Paris, Imp. de G. Towne*, 1864, in-18, broché.

Édition originale.

2498. PRÉVOST (Abbé). Histoire de Manon Lescaut et du chevalier des Grieux. Édition illustrée par Tony Johannot, précédée d'une notice historique sur l'auteur par Jules Janin. *Paris, Bourdin et Cie, s. d.* (1839), gr. in-8, mar. citron, comp. de fil., fleuron aux angles, dos orné, tr. dor. (*Bauzonnet-Trautz*).

Premier tirage.
Bel exemplaire de Jules Janin, un des rares imprimés sur **papier de Chine**.

PRÉVOST (Marcel).

2499. Romans et nouvelles de Marcel Lemerre, publiés chez Lemerre, de 1888 à 1914, 10 vol. in-12, les trois premiers en cartonn., dos et coins de toile bleue, non rognés, couvertures, les autres, brochés.

Chonchette, 1888. — Mademoiselle Jaufre, 1889. — Cousine Laura, 1890. — L'Automne d'une femme, 1893. — Les Demi-Vierges, 1894. — Notre Compagne, 1895. — Trois nouvelles, 1898. — L'Heureux Ménage, 1901 (Ex. sur pap. Alfa, envoi autog. de l'auteur sur le faux titre). — Les Anges gardiens, 1913. — Nouvelles féminités, 1914.
Edidions originales.

2500. Les Demi-Vierges. *Paris, Lemerre*, 1894, in-12, cartonn , dos et coins de mar. vert foncé, dos orné, tête dor., non rogné, couverture (*Meunier*).

Édition originale.
Exemplaire imprimé sur **papier Alfa** auquel on a ajouté *une lettre autographe* de Marcel Prévost.
Envoi autographe de l'auteur à Paul Bonnetain, sur le faux titre.

2501. Lettres de femmes. — Nouvelles lettres de femmes. — Dernières lettres de femmes. *Paris, Lemerre*, 1892-1894-1897, 3 vol. in-12, brochés.

Éditions originales.

2502. Le Mariage de Juliette, illustrations de Paul Chabas, gravées par Romagnol. *Paris, Lemerre,* 1896, in-18, broché.

Édition originale.
Un des **50** exemplaires imprimés sur **papier de Chine.**

2503. Les Vierges folles. Léa. Frédérique. *Paris, Lemerre,* 1900, 2 vol. in-12, brochés.

Édition originale.
Un des **15** exemplaires imprimés sur **papier de Chine.**

2504. Lettres à Françoise. *Paris, Juven, s. d.* (1902). — Lettres à Françoise mariée. *Ibid., id., s. d.* (1905). — Lettres à Françoise, maman. *Paris, Fayard, s. d.* (1912). — Ens. 3 vol. in-12, brochés.

Éditions originales.
Un des **40** exemplaires imprimés sur **papier de Hollande.**

2505. Le Pas relevé, nouvelles. *Paris, Lemerre,* 1902, in-12, broché.

Édition originale.
Un des **10** exemplaires imprimés sur **papier de Chine.**

2506. La Princesse d'Erminge. *Paris, Lemerre,* 1904, in-12, broché.

Édition originale.
Un des **10** exemplaires imprimés sur **papier de Chine.**

2507. La plus faible, comédie en quatre actes, en prose. *Paris, Lemerre,* 1904, in-12, broché.

Édition originale.
Un des **5** exemplaires imprimés sur **papier de Chine.**

2508. Monsieur et Madame Moloch. *Paris. Lemerre,* 1906, in-12, broché.

Édition originale.
Un des **50** exemplaires imprimés sur **papier de Hollande.**

2509. La fausse Bourgeoise. *Paris, Lemerre,* 1908, in-12, broché.

Édition originale.
Un des **10** exemplaires imprimés sur **papier de Chine.**

2510. Missette. *Paris, Lemerre,* 1912, in-12, broché.

Édition originale.
Un des **50** exemplaires imprimés sur **papier de Hollande.**

2511. Le Domino jaunc. Les Palombes. *Paris, Lemerre, s. d.* (1901), in-12, broché.

> Edition originale.
> Un des **20** exemplaires imprimés sur **papier du Japon**.

2512. Le Domino jaune. Les Palombes. *Paris, Lemerre, s. d.* (1901), in-12, broché.

> Edition originale.
> Un des **30** exemplaires imprimés sur **papier de Chiné**.

ORDRE DES VACATIONS

CHARTRES. — IMPRIMERIE DURAND, RUE FULBERT.

www.ingramcontent.com/pod-product-compliance
Ingram Content Group UK Ltd.
Pitfield, Milton Keynes, MK11 3LW, UK
UKHW031843260826
14628UKWH00002B/552

9 782014 467031